초판 1쇄 • 2015년 6월 23일   초판 5쇄 • 2021년 10월 10일   개정판 1쇄 • 2024년 9월 2일   개정판 2쇄 • 2025년 1월 2일
지은이 • 한영식   그린이 • 구연산   발행인 • 허진   발행처 • 진선출판사(주)
편집 • 김경미, 최윤선, 최지혜   디자인 • 고은정   총무 / 마케팅 • 유재수, 나미영, 허인화
주소 • 서울시 종로구 삼일대로 457 (경운동 88번지) 수운회관 15층
      전화 (02)720-5990   팩스 (02)739-2129   홈페이지 www.jinsun.co.kr
등록 • 1975년 9월 3일 10-92   ※책값은 뒤표지에 있습니다.
ISBN 979-11-93003-56-5 74080   ISBN 978-89-7221-654-4 (세트)
ⓒ 한영식, 2015   편집 ⓒ 진선출판사, 2015, 2024

지은이 한영식 선생님은

지구에서 가장 다양한 곤충의 세상에 매료되어 곤충을 탐사하고 연구하는 곤충연구가로 현재 곤충생태교육연구소 〈한숲〉 대표로 활동하고 있습니다. 숲해설가 및 생태 안내자 양성 과정, 자연학교 등에서 이론 교육과 현장 교육을 진행하고 있습니다.
지은 책으로는 《봄여름가을겨울 바닷가생물도감》, 《봄여름가을겨울 숲속생물도감》, 《봄여름가을겨울 숲 유치원》, 《신기한 곤충 이야기》, 《엉뚱한 공선생과 자연탐사반》, 《어린이 동식물 이름 비교 도감》, 《어린이 곤충 비교 도감》, 《쉬운 곤충책》, 《곤충 쉽게 찾기》, 《곤충 학습 도감》, 《곤충 검색 도감》, 《생태 환경 이야기》, 《윌슨이 들려주는 생물 다양성 이야기》 등이 있습니다.
곤충생태교육연구소 〈한숲〉 : cafe.daum.net/edu-insect

진선아이 는 진선출판사의 어린이책 브랜드입니다. 마음과 생각을 키워 주는 책으로 어린이들의 건강한 성장을 돕겠습니다.

봄·여름·가을·겨울
숲속 생물 도감

한영식 지음

진선아이

차례

봄

도시숲
화단과 공원에서 지지배배 우는 새 · 10
화단과 공원에 봄나들이 나온 곤충 · 12
화단과 공원에 피는 풀꽃 1 · 14
화단과 공원에 피는 풀꽃 2 · 16
화단과 공원에 피는 나무꽃, 가로수 · 18

마을숲
들판에 핀 봄꽃과 나비 · 20
논에 사는 다양한 동물 · 22
밭에 자라는 작물과 밭 주변에 사는 풀꽃 · 24
연못과 호수에 사는 생물 · 26

산의 숲
산길에서 만난 곤충 · 28
산에 사는 다리 많은 절지동물 · 30
산 길가와 주변 풀밭에 사는 식물 · 32
냇물에 사는 도롱뇽과 개구리 · 34
냇물에 사는 다양한 무척추동물 · 36
산에 사는 산새 · 38
산에 사는 동물과 곤충 · 40
산에 일찍 피는 봄꽃 · 42
산에 피는 나무꽃과 꽃을 좋아하는 곤충 · 44

여름

도시숲
화단과 공원에 사는 동물과 곤충 · 48
화단과 공원에 핀 꽃을 찾는 곤충 · 50
화단과 공원에 핀 예쁜 풀꽃 1 · 52
화단과 공원에 핀 예쁜 풀꽃 2 · 54
화단에 공원에서 자라는 나무꽃 · 56

마을숲
들판의 풀잎과 꽃에 날아오는 곤충 · 58
무더운 여름 들판에 자라는 풀꽃 · 60
농장에 사는 가축 · 62
밭작물에 모이는 해충과 천적 곤충 · 64
밭에 자라는 작물 · 66
하천에 사는 동물과 수서곤충 · 68
하천변 식물과 연못의 수생식물 · 70

산의 숲
산길에서 활동하는 다양한 곤충 · 72
냇물에 사는 수서곤충과 습지의 수생식물 · 74
산에서 만나는 산새와 기다란 몸의 길동물 · 76
산에서 만나는 다양한 곤충 · 78
불빛에 모여드는 야행성 곤충 · 80
산에서 만나는 다채로운 무척추동물 · 82
산에서 자라는 다양한 식물 · 84

가을·겨울

도시숲
화단과 공원의 동물과 곤충 • 88
화단과 공원의 단풍과 열매 • 90

마을숲
누릇누릇 가을 들판의 곤충 • 92
들판에 핀 가을 풀꽃 • 94
논밭과 하천의 곤충 • 96
논밭과 하천의 식물 • 98

산의 숲
산에 사는 동물과 식물 • 100

도시숲 · 마을숲 · 산의 숲
동물의 겨울나기 • 102
곤충의 겨울나기 • 104
식물의 겨울나기 • 106

부록
동물의 종류와 특징 • 110
식물의 종류와 특징 • 112
동물과 식물의 서식지 • 114
동물과 곤충의 어린 시기와 어른 시기 • 116
생태계의 생물 • 118
먹이피라미드와 먹이그물 • 119
지구촌의 다양한 동물 1 • 120
지구촌의 다양한 동물 2 • 122

숲속 탐사를 떠나요! • 4
탐사 준비물 • 6
찾아보기 • 124
초등 교과 과정 연계 정보 • 128

탐사 준비물

숲속 탐사에 편리하게 사용되는 기본 준비물과 생물에 따라 필요한 준비물을 알아봐요.

소매가 긴 옷, 긴 바지
풀에 베이는 걸 막기 위해 입어요.

운동화
숲속에서 활동하기 편한 신발을 신어요.

비옷, 우산
갑작스럽게 비가 내리는 것에 대비해서 준비해요.

샌들(슬리퍼), 장화
물속 생물을 탐사하려면 샌들이나 장화가 좋아요.

모자
햇볕을 가리고, 나뭇가지에 눈이 찔리는 걸 막아 줘요.

배낭
탐사도구, 물, 간식 등을 넣고 어깨에 둘러매면 두 손이 자유로워서 탐사가 편해요.

관찰노트, 필기구
현장에서 발견한 숲속 생물에 관한 내용을 꼼꼼히 기록해요.

카메라
탐사를 통해 발견한 다양한 모습의 숲속 생물을 촬영해요.

도감
탐사를 통해 발견한 숲속 생물의 이름을 찾고 크기와 생태 특징을 알아봐요.

관찰도구
탐사에서 발견한 숲속 생물을 돋보기와 루페로 자세히 관찰해요.

지도
탐사할 지역의 지도를 보고 숲속 생물 탐사 계획을 세워요.

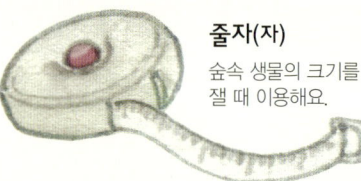
줄자(자)
숲속 생물의 크기를 잴 때 이용해요.

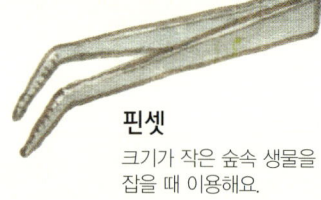
핀셋
크기가 작은 숲속 생물을 잡을 때 이용해요.

구급용품
숲속 생물을 탐사하다가 상처가 나거나 벌레에 물릴 때 바를 구급약을 준비해요.

동물

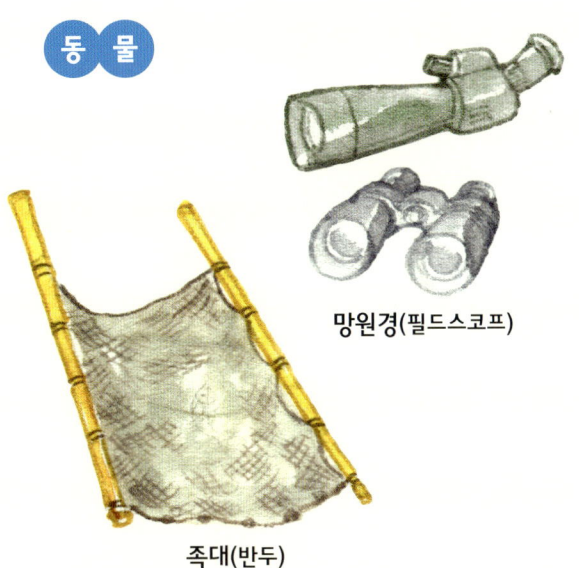

동물 발자국을 관찰하려면 석고와 두꺼운 종이(동물 발자국 탁본용)가 있어야 해요. 멀리 떨어져 있는 새는 망원경으로 관찰해요. 민물고기는 족대나 어항으로 채집해야 관찰할 수 있어요. 독이 있는 뱀을 주의해요.

곤충

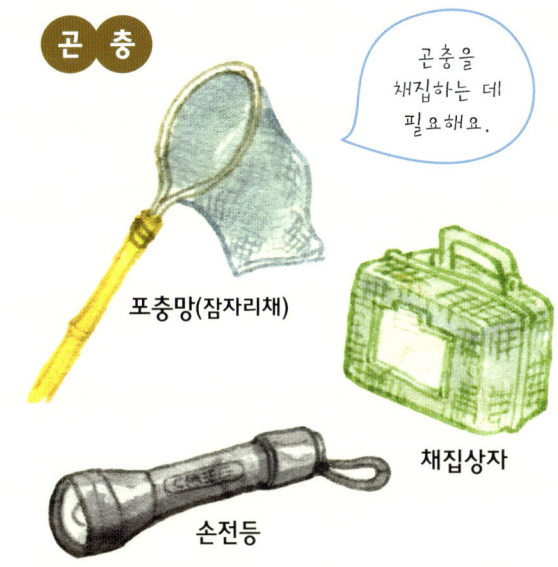

곤충을 채집하는 데 필요해요.

날아다니는 곤충을 채집하려면 포충망(잠자리채)이 꼭 필요해요. 채집한 곤충은 채집상자(유리병 또는 플라스틱 상자)에 보관해요. 밤에 활동하는 곤충을 관찰하려면 손전등이 있어야 해요. 독이 있는 벌이나 쐐기에게 물리는 걸 주의해요.

식물

식물을 채집하기 위해서는 모종삽과 면장갑이 필요해요. 채집한 식물의 표본을 만들어 보관하려면 신문지와 끈이 있어야 해요. 식물이 사는 높은 산에 올라가면 갑자기 기온이 내려가서 춥기 때문에 방한용 외투를 꼭 챙겨야 해요. 가시가 많은 나무에 찔리는 걸 주의해요.

물속 생물

물속 생물은 뜰채나 족대로 채집해요.

물속 생물을 채집하기 위해서는 뜰채와 족대가 필요해요. 수서곤충은 뜰채로 잡은 후 붓을 이용해서 관찰받침에 옮겨 관찰해요. 민물고기는 샌들이나 장화를 신고 물속에 들어가 족대로 채집해서 관찰해요. 이끼 낀 돌에 미끄러지거나 빠른 물살에 떠내려가는 걸 주의해요.

봄이 오면

따스한 햇살에 기운을 차린 숲속 생물들이
깊은 겨울잠에서 기지개를 켜고 하나둘 깨어나요.
파릇파릇 새싹이 돋아나고 화사한 봄꽃이 피어나면
여러 동물과 곤충도 힘차게 활동을 시작해요.
짹짹~ 새들은 이른 아침부터 나뭇가지 사이를 날아다니며
지지배배 울어요. 봄볕에 몸이 사르르 녹은 곤충들은 하늘을
누비며 날아다녀요. 졸졸 맑은 시냇물에는 민물고기와
물속 곤충들이 즐겁게 헤엄쳐요. 아름다운 봄,
봄나들이 나온 숲속 생물들을 만나러 떠나 볼까요?

따스한 봄볕에 새싹이 파릇파릇 돋아난
풀밭에는 비둘기가 날아다녀요.

습지나 연못 주변의 풀밭에는
참개구리가 폴짝폴짝 점프해요.

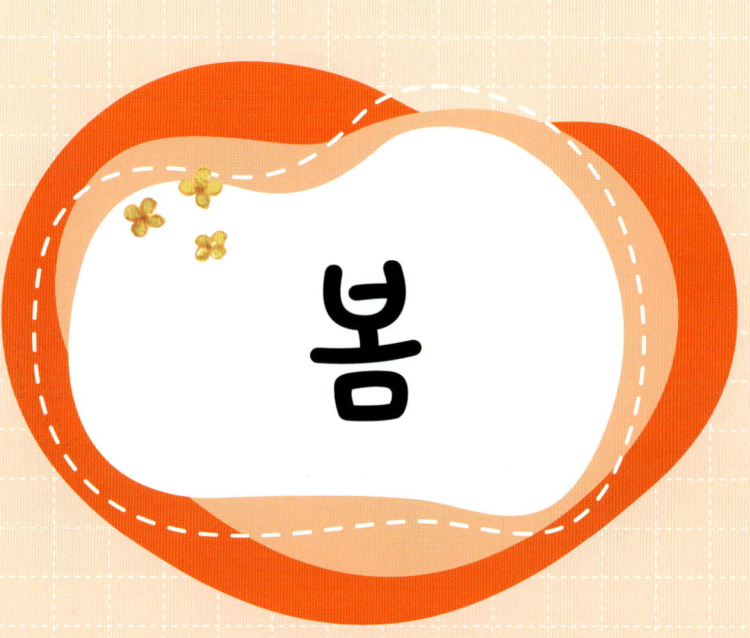

봄

숲속 생물을 만나러 떠나 보자!

도시숲

관련 교과 1-1 봄 〈2. 도란도란 봄 동산〉 / 3-2 과학 〈2. 동물의 생활〉

화단과 공원에서 지지배배 우는 새

창문 너머로 햇살이 비치는 이른 아침 지지배배 우는 새소리에 준서는 잠에서 깼어요.
"윤서야, 어떤 새가 우는 걸까?" 준서는 동생 손을 잡고 화단에 나가보았지요.
'후드득~' 아침 일찍부터 활기차게 날아다니는 새들은 정말 부지런한 동물인가 봐요.
"오빠, 새들이 머리를 땅에 쿵쿵 박고 있어.", "하하하~ 윤서야, 저건 모이를 먹는 거야."
준서네 가족은 공원으로 나갔어요. 어떤 새가 더 예쁜 목소리로 지저귀는지
새 소리에 귀 기울여 보기로 했어요.

반가운 손님이 찾아오면 기억해서 울어요.

까치
크기 43~48cm
쥐, 곤충뿐 아니라 과수원의 열매와 씨앗도 먹어요.

까치집
높은 나뭇가지나 전봇대 꼭대기에 둥지를 틀어요.

'찌빠찌빠'하며 시끄럽게 울어서 '직박구리'라 불러요.

직박구리
크기 27~30cm
숲에 살았지만 숲이 도시로 바뀌면서 도시에서도 흔히 볼 수 있어요.

농작물 낟알, 나무 열매, 나비류 애벌레 등 곤충을 먹고 살아요.

참새
크기 14~14.5cm
도시의 정원과 마을 근처에 가장 흔한 새로 무리 지어 생활해요.

관련 교과 3-2 과학 〈2. 동물의 생활〉

화단과 공원에 봄나들이 나온 곤충

"와~ 빠르다, 빨라!" 준서는 날쌔게 기어가는 곤충을 발견했어요.
"아빠, 먼지벌레예요.", "어디, 어디?" 준서와 아빠는 먼지벌레를 잡으려고
걸음을 재촉했어요. 그러나 먼지벌레가 너무 빨라서 그만 놓치고 말았네요.
온몸에 먼지만 풀풀 뒤집어쓴 채 말이죠.
"으악! 아빠!" 개미가 다리 위로 기어오르자 윤서의 눈이 휘둥그레졌어요.
아빠는 재빨리 개미를 털어내고 윤서와 함께 넓은 풀밭으로 갔어요.
동글동글 무당벌레와 훨훨 나는 나비를 보더니 그제야 윤서가 환하게 웃네요.
화단과 공원의 풀밭에는 봄나들이 나온 다양한 곤충들의 세상이에요.

어른벌레로 추운 겨울을 지내고 봄에 일찍 활동해요.

정원의 풀밭과 지하실처럼 습기가 많은 축축한 곳에 살아요.

고마로브집게벌레
크기 15~22mm
꼬리에 달린 '집게'의 길이가 우리나라에서 가장 길어요.

썩덩나무노린재
크기 13~18mm
몸 빛깔이 썩은 나무 빛깔과 비슷해요.

일본왕개미
크기 7~14mm
우리나라에서 몸집이 가장 큰 개미예요.

무당벌레
크기 5~8mm
겨울잠을 자고 봄이 되면 깨어나 진딧물을 잡아먹어요.

우수리둥글먼지벌레
크기 7.5~8mm
풀밭을 빠르게 기어 다니면 먼지가 풀풀 날 것 같아요.

나풀나풀 날아다녀서 '나비'예요.

네발나비
크기 41~55mm
체온을 높여 활동하려고 땅에 내려앉아 햇볕을 쪼여요.

초록색 빛깔이 예뻐서 '금파리'지만 배설물에 잘 모여 별명은 똥파리예요.

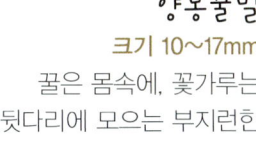

양봉꿀벌
크기 10~17mm
꿀은 몸속에, 꽃가루는 뒷다리에 모으는 부지런한 곤충이에요.

연두금파리
크기 5~9mm
배설물에 잘 내려앉아 병균을 옮기는 위생해충이에요.

수중다리꽃등에
크기 12~14mm
땅이나 돌에 잘 내려앉으며 뒷다리가 매우 굵어요.

물결넓적꽃등에
크기 10~12mm
배마디 등판 양쪽에 노란색 띠무늬가 있어요.

살펴보아요!

서로 협력하여 살아가는 사회성 곤충, 개미

화단과 공원 등의 땅에서 바글거리며 기어 다니는 곤충은 개미예요. 개미는 보통의 곤충과 달리 여왕개미, 일개미, 수개미 등의 계급이 정해져 있지요. 알을 낳는 여왕개미, 짝짓기를 맡은 수개미, 개미굴의 모든 일을 열심히 하는 일개미가 각자가 맡은 일을 열심히 할 때 개미사회는 행복하게 유지된답니다.

땅 위의 개미굴

여왕개미와 수개미의 결혼비행 모습 | 여왕개미 | 날개 달린 수개미 | 날개가 퇴화된 일개미

화단과 공원에 피는 풀꽃 1

관련 교과 1-1 봄 〈2. 도란도란 봄 동산〉 / 4-1 과학 〈3. 식물의 한살이〉 / 4-2 과학 〈1. 식물의 생활〉 / 6-1 과학 〈4. 식물의 구조와 기능〉

"와!~ 정말 예쁘다." 풀꽃을 발견한 윤서가 쪼그리고 앉아서 일어날 줄 몰라요.
알록달록 예쁜 풀꽃이 삼삼오오 피어 있는 모습에 마음을 빼앗겼나 봐요.
"오빠, 빨리 와 봐. 풀꽃이 정말 예뻐.", "여긴 정말 꽃 천국 같아."
준서와 윤서는 봄꽃들의 예쁜 모습에 눈을 뗄 수 없었어요.
아빠는 준서와 윤서가 발견한 예쁜 풀꽃들의 이름과 특징을 알려 주셨지요.
작은 풀꽃들은 화단과 공원의 풀밭을 무지갯빛으로 수놓고 있었어요.

기다란 꿀주머니가 오랑캐의 머리 모양을 닮아서 '오랑캐꽃'이라고도 불러요.

제비꽃
높이 10~20cm
봄에 제비가 날아올 때쯤 핀다고 해서 '제비꽃'이에요.

꽃마리
높이 10~30cm
꽃차례가 돌돌 말려 있어서 '꽃마리'예요.

금낭화
높이 30~60cm
꽃 모양이 '비단으로 만든 주머니'를 닮았다는 뜻이에요.

세포분열을 관찰하는 실험재료로 많이 쓰여요.

봄나들이를 많이 하는 시기인 4월을 대표하는 봄꽃이에요.

봄맞이
높이 10~20cm
잎사귀 사이로 가느다란 꽃줄기가 올라와서 흰색 꽃이 피어요.

자주달개비
높이 50cm 내외
아침에 피었다가 오후에 시들어서 꽃말이 '짧았던 즐거움'이에요.

> 수선화는
> '물에 사는
> 신선'이라는
> 뜻이에요.

앵초
높이 15~40cm
앵두와 비슷한 꽃이 피는 풀이라 해서 '앵초'예요.

수선화
높이 20~40cm
비늘줄기는 최면 효과가 있고 가래를 삭이는 약으로도 이용해요.

돌나물
높이 15cm 내외
돌밭 주변에 잘 자라고 나물로도 먹어서 '돌나물'이에요.

꽃잔디
높이 5~10cm
꽃이 잔디처럼 바닥에 깔려서 피어요.

> 꽃잎에
> 여러 가지 색깔이
> 있어서 '삼색제비꽃'
> 이라 불려요.

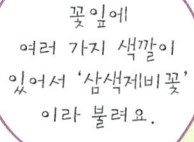

팬지
높이 15~25cm
5개의 꽃잎이 나비 모양과 비슷해요.

개양귀비
높이 30~60cm
'양귀비'와 비슷하지만 마약 성분이 없어요.

15

도시숲

관련 교과 1-1 봄 〈2. 도란도란 봄 동산〉 / 4-1 과학 〈3. 식물의 한살이〉 / 4-2 과학 〈1. 식물의 생활〉 / 6-1 과학 〈4. 식물의 구조와 기능〉

화단과 공원에 피는 풀꽃 2

"오빠, 안 돼!" 넓은 풀밭을 내달리던 준서에게 윤서가 고함을 쳤어요.
"휴, 하마터면 예쁘게 핀 노란 민들레 꽃밭을 망쳐 놓을 뻔했잖아."
"미안 미안! 그런데 아빠, 저기 솜사탕 같은 건 뭐예요?" 준서가 물었어요.
"저건 민들레 홀씨지. 아빠가 하는 걸 잘 봐."
솜사탕을 '후~' 하고 불자 민들레 홀씨가 하늘 높이 날아올랐어요.
'후후~' 준서와 윤서는 홀씨를 불어 멀리멀리 날려 보냈어요.

해가 잘 드는 풀밭에 자라며 어린잎은 나물과 약으로 이용해요.

민들레
높이 10~15cm
대문 앞에 잘 자란다 해서 '문둘레'라 불리다가 '민들레'가 되었어요.

서양민들레
높이 10~20cm
유럽이 원산지인 식물로 번식력이 좋아서 쉽게 관찰돼요.

서양민들레 홀씨
바람이 불면 잘 날아가서 퍼져요.

큰개불알풀
높이 10~30cm
여러 송이의 하늘색 꽃이 가득 모여서 피며, '봄까치꽃'이라고도 불려요.

주름잎
높이 5~20cm
잎 가장자리에 물결 모양의 주름이 있어요.

고들빼기
높이 30~80cm
노란색 꽃이 피고 잎과 줄기를
뜯으면 흰색 즙액이 나와요.

> 이른 봄에 뿌리 채 캐서 '고들빼기김치'를 담가 먹어요.

뽀리뱅이
높이 15~100cm
곧게 뻗은 줄기 끝에
노란색 꽃이 모여서 피어요.

소별꽃
높이 20~50cm
축축한 길가나 들에 자라며
꽃잎이 별 모양이에요.

별꽃
높이 10~20cm
별 모양의 꽃잎이 앙증맞게 생겨 귀여워요.

> 어린잎은 나물로 먹고, 꽃과 잎이 예뻐서 화단에 심어요.

돌단풍
높이 30cm 내외
잎의 모양은 단풍잎과 비슷하고
바위틈에 잘 자란다는 뜻이에요.

작약
높이 70~100cm
빨간색, 분홍색, 흰색 꽃이 크게 피어
'함박꽃'이라고도 불러요.

화단과 공원에 피는 나무꽃, 가로수

관련 교과 1-1 봄 〈2. 도란도란 봄 동산〉 / 4-1 과학 〈3. 식물의 한살이〉 / 4-2 과학 〈1. 식물의 생활〉 / 6-1 과학 〈4. 식물의 구조와 기능〉

"휴, 힘들어." 민들레 홀씨를 한참 날리던 준서와 윤서는 등나무 그늘 아래에 있는 벤치에 앉았어요. "아빠, 목련 꽃이 금방 떨어질 것 같아요." 준서는 커다란 목련 꽃이 마치 가짜 꽃처럼 예쁘다고 생각했어요. "엄마, 저 꽃은 무슨 꽃이에요?", "벚꽃이 봄 길을 수놓았구나." 바람이 살랑 불자 하얀 벚꽃이 꽃비가 되어 날렸어요. 준서네 가족은 아름다운 벚꽃 길을 손을 맞잡고 걸었답니다.

꽃봉오리 모양이 붓을 닮아서 '목필'이라고도 불려요.

백목련
높이 15m 내외
탐스럽고 향기가 좋은 흰색 꽃이 가득 피어요.

왕벚나무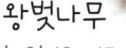
높이 10~15m
일본의 '나라꽃'이지만 자생지는 우리나라 제주도와 남해안이에요.

북한에서는 구슬처럼 생겼다 해서 '구슬꽃나무' 라고 불려요.

등
길이 10m 내외
정원 벤치에 그늘을 만들어 주며, '참등', '등나무'라고도 해요.

박태기나무
높이 2~4m
밥알을 닮은 꽃을 보고 '밥티기'라 부르다가 '박태기'가 되었어요.

영산홍
높이 1~2m
2~3개의 자홍색 꽃이 피며 화단과 공원에 자라요.
산에 피는 비슷한 꽃은 '산철쭉'이에요.

우리나라에서만 자라는 특산식물이며 서양에서는 '골든벨'이라 불려요.

개나리
높이 3m 내외
'나리꽃'을 닮은 작고 흔한 꽃이라는 뜻이에요.

조팝나무
높이 1.5~2m
꽃 모양이 튀긴 좁쌀 같아서 '조팝나무(조밥나무)'라고 불려요.

산수유
높이 4~8m
20~30개의 노란색 꽃이 둥글게 달리고 열매는 붉게 익어요.

불두화
높이 3m 내외
가지 끝마다 달린 동그란 꽃송이가 '부처님 머리 모양'과 비슷해요.

꽃말은 '청춘', '젊은 날의 회상'이에요.

라일락
높이 2~4m
꽃향기가 좋아서 정원에 많이 심어요.

살펴보아요!

도시의 공기를 정화시켜 주는 고마운 가로수

도시의 화단과 공원의 길가에는 다양한 가로수가 심어져 있어요. 가로수는 거리를 아름답게 해주고 그늘도 만들어 주며 소음도 막아 주지요. 특히 가로수는 도시의 강한 햇볕과 오염을 이겨낼 수 있는 강인한 나무로 오염된 공기를 깨끗하게 정화시켜 주는 능력이 매우 탁월한 소중한 식물이랍니다.

1. **은행나무** : 도시의 강한 햇볕과 오염을 잘 이겨내고 공기를 정화시켜 주는 나무예요.
2. **튤립나무, 가시칠엽수** : 오염된 공기를 정화시키고 넓은 잎으로 그늘을 제공해 줘요.
3. **왕벚나무, 이팝나무** : 꽃이 많고 예뻐서 거리를 아름답게 만들어 주는 나무예요.

은행나무

튤립나무

왕벚나무

이팝나무

들판에 핀 봄꽃과 나비

관련 교과: 1-1 봄 〈2. 도란도란 봄 동산〉 / 3-1 과학 〈3. 동물의 한살이〉 / 3-2 과학 〈2. 동물의 생활〉 / 6-1 과학 〈4. 식물의 구조와 기능〉

준서네 가족은 봄 들판으로 자연 탐사를 떠났어요. "엄마, 여긴 풀꽃들이 많아요."
들판에는 예쁜 꽃들이 아름다움을 뽐내며 가득 피어 있었어요.
"이건 양지바른 곳에 잘 피는 양지꽃, 저건 토끼가 잘 먹는 토끼풀이지."
풀꽃에는 꿀을 빨기 위해 아름다운 나비들도 모여들었어요.
배추흰나비, 노랑나비, 부전나비가 들판을 훨훨 날아다녀요.
봄 들판에는 화려한 봄 축제가 열렸습니다.

양지꽃
높이 20~50cm
양지바른 곳에서 잘 자라는 꽃이라 해서 '양지꽃'이에요.

즙액에 독이 있어서 소나 돼지가 잘못 먹으면 설사를 해요.

애기똥풀
높이 30~80cm
줄기를 자르면 '아기 똥'처럼 보이는 노란색 즙이 나와요.

유채
높이 100cm 내외
봄나물로 먹고 씨로 기름도 짜며 꽃이 아름다워서 널리 심어요.

괭이밥
높이 10~30cm
고양이가 소화가 잘 안될 때 뜯어 먹는 풀이라는 뜻이에요.

4장의 잎이 달린 네잎클로버는 행운을 뜻해요.

지칭개
높이 60~80cm
기다란 줄기 끝에 연한 보라색 꽃이 피어요.

토끼풀
높이 20~30cm
토끼가 잘 먹는 풀이라는 뜻이에요.

논에 사는 다양한 동물

관련 교과 3-1 과학 〈3. 동물의 한살이〉 / 3-2 과학 〈2. 동물의 생활〉

들판을 지나 논둑을 걷는데 무언가가 하늘 높이 날아올랐어요.
"준서야, 하늘을 올려다 봐. 제비가 공중 곡예를 하고 있어.", "와~ 정말 멋져요!"
준서와 윤서는 제비의 아슬아슬한 비행 솜씨를 한참 지켜보았어요.
"아빠, 저 하얀 새는 이름이 뭐예요?", "저건 백로란다."
논을 성큼성큼 걷던 백로는 가끔 고개를 숙여 올챙이, 미꾸라지 등을 잡아먹었어요.
논에는 폴짝 뛰는 참개구리, 느릿느릿 우렁이, 물 위를 미끄럼 타는 소금쟁이도 살고 있어요.

처마 밑에 진흙과 풀을 섞어서 제비 둥지를 만들어 1년에 두 번 번식해요.

제비
크기 15.5~18cm
따뜻한 나라에서 겨울을 보내고 봄에 우리나라로 날아오는 여름철새예요.

물까치
크기 37~39cm
하늘색 날개와 긴꼬리를 가졌으며 시골 마을에서 흔히 보여요.

참개구리
크기 6~10cm
곤충, 물고기 등을 잡아먹고 살며 논에 많아서 '논개구리'라 불려요.

논에 날아와서 개구리나 작은 물고기를 사냥해요.

중백로
크기 65.5cm 내외
마을 근처의 논, 하천, 습지에서 물고기, 갑각류, 양서류, 수서곤충을 잡아먹어요.

쇠백로
크기 58~61cm
몸은 흰색이고 뒷머리에 2개의 흰색 댕기깃이 있어요.

분홍빛의 알무더기를 벼나 물풀 줄기에 붙여요.

왕우렁이
크기 40~60mm
친환경 벼 재배지에서 흔히 볼 수 있는 외래종 우렁이예요.

애기물달팽이
크기 9mm 내외
애기처럼 작은 물달팽이로 논에 많이 살아요.

사람이나 동물의 몸을 '거머쥐듯 달라붙어 빤다' 해서 '거머리'가 되었어요.

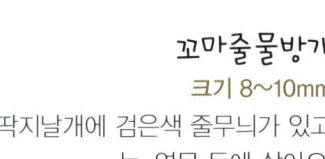

참거머리
크기 40~60mm
논, 웅덩이, 저수지에 살며 작은 수생동물의 피를 빨아 먹어요.

애소금쟁이
크기 8.5~11mm
물에 떨어진 나방 등의 곤충 체액을 빨아 먹어요.

꼬마줄물방개
크기 8~10mm
딱지날개에 검은색 줄무늬가 있고 논, 연못 등에 살아요.

살펴보아요!
논에 살다 사라져 가는 추억의 곤충

논은 다양한 생명체들이 살아가는 소중한 곳이에요. 그러나 살충제를 많이 사용하고 재래식 논을 정비하면서 신비로운 곤충, 물장군과 애반딧불이는 보기 힘든 추억의 곤충이 되었지요. 물장군은 멸종위기동식물로 지정되었고, 애반딧불이는 천연기념물이 되었어요.

물장군과 애반딧불이를 우리가 지켜야 해요!

물장군　　애반딧불이

밭에 자라는 작물과 밭 주변에 사는 풀꽃

관련 교과 3-1 과학 〈3. 동물의 한살이〉 / 4-2 과학 〈1. 식물의 생활〉 / 6-1 과학 〈4. 식물의 구조와 기능〉

"준서야, 윤서야. 빨리 와 봐." 엄마에게 달려가 보니 갑자기 입안에 군침이 도네요.
딸기, 상추, 가지, 들깨, 감자 등 다양한 열매가 주렁주렁 열려 있었거든요.
밭은 우리가 좋아하는 채소와 곡식이 무럭무럭 자라는 소중한 곳이에요.
밭고랑 사이사이에는 앙증맞은 풀꽃들도 여럿 피어 있어요.
"오빠, 여기 하트가 있어.", " 거짓말! 어떻게 풀꽃에 하트가 있니?"
윤서가 가리키는 곳을 살펴보니 정말로 하트 모양의 열매가 달려 있어요.

보리
높이 50~100cm
쌀과 섞어 밥을 해먹고 볶아서 보리차로도 마셔요.

지구촌 사람들이 쌀과 함께 가장 많이 먹는 세계 2대 곡물이에요.

밀
높이 1m 내외
빵, 과자, 국수의 원료가 되는 밀가루를 만들어요.

남아메리카 안데스 산이 원산지로 조선 시대부터 길렀어요.

감자
높이 60~100cm
자주색 또는 흰색의 꽃이 피며 다양한 요리 재료가 돼요.

상추
높이 40~100cm
날로 먹는 채소라는 뜻의 '생채'가 '상추'가 되었어요.

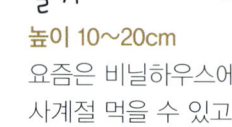

딸기
높이 10~20cm
요즘은 비닐하우스에서 재배해서 사계절 먹을 수 있고 잼도 만들어요.

냉이 열매
냉이의 열매가
하트 모양이에요.

냉이
높이 10~50cm
특유의 향긋한 맛이 나서
나물이나 국을 끓여 먹어요.

고들빼기
30~80cm
노란색의 꽃이 피며 잎과 줄기를
뜯으면 흰색의 액이 나와요.

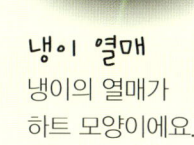

엉겅퀴는 피를
엉기게 해서
멎게 하는 효과가
있다는 뜻이에요.

지느러미엉겅퀴
높이 70~100cm
줄기에 지느러미 같은
가시가 있어서
'가시나물'이라 불려요.

꽃다지
높이 10~25cm
줄기 끝에 자잘한 노란색
꽃이 다닥다닥 피어요.

뚝새풀
높이 20~40cm
논밭의 둑에서 잘 자라는 풀이에요.

다닥냉이
높이 30~60cm
마을 주변의 빈터와 들에
모여서 잘 자라요.

관련 교과 3-1 과학 〈3. 동물의 한살이〉 / 3-2 과학 〈2. 동물의 생활〉

연못과 호수에 사는 생물

"얘들아, 저기 오리가 둥둥 떠가고 있어.", "아빠, 어디에 있어요?"
"꽥꽥, 오리 찾았다!" 준서와 윤서는 오리가 있는 쪽으로 조심스럽게 다가갔어요.
"아빠, 오리는 어떻게 헤엄을 잘 쳐요?", "그건 오리발에 물갈퀴가 달려 있기 때문이야."
"어머!" 개구리가 갑자기 점프하는 바람에 엄마가 깜짝 놀랐어요.
연못 속으로 뛰어든 개구리는 불룩 튀어나온 눈만 내놓고 있네요.
연못과 호숫가에는 버드나무, 노랑꽃창포 같은 수생식물이 가득 자라고 있었어요.
호숫가를 걸으며 연못에 사는 동물과 식물을 찾아보는 건 정말 재미있어요.

청둥오리 암컷
크기 52~55cm
머리는 흑갈색이고 몸은 어두운 갈색과 검은색이 섞여 있어요.

청둥오리 수컷
크기 56~60cm
머리는 광택이 나는 진한 녹색이고 앞가슴은 갈색이에요.

전 세계 오리 중 숫자가 가장 많고 아무거나 잘 먹는 잡식성이에요.

거위
크기 82cm 내외
집오리처럼 고기와 알을 얻기 위해 '야생기러기'를 길들여서 만들어졌어요.

중국거위
크기 87cm 내외
몸집이 가장 큰 기러기인 '개리'를 길들여서 만들어졌어요.

참개구리 수컷
크기 6~10cm
물풀 사이로 불룩한 눈을 내밀고 있는 모습이 늪에 사는 악어 같아요.

암컷은 초록색의 수컷과 달리 흰 바탕에 검은색 무늬가 있어요.

참개구리 암컷

버드나무
높이 10~20m
부들부들한 가지가 있어서 '부들나무'라 불리다가 '버드나무'가 되었어요.

마름
높이 3~5cm
물에 둥둥 잘 뜨며 마름모와 닮은 세모꼴 잎을 가졌어요.

부레옥잠
높이 20~30cm
물고기 부레처럼 잎자루가 부풀어 있어요.

노랑꽃창포
높이 50~120cm
연못과 냇가에 노란색 꽃이 피어요.

노랑꽃창포 줄기는 꽃꽂이 재료로 쓰이고 뿌리는 위장약 등의 약재로 써요.

관련 교과 3-2 과학 〈2. 동물의 생활〉

산길에서 만난 곤충

"오빠, 나비가 땅에 내려앉았어.", "어디? 잘 안 보이는데?"
준서는 겨우 나비를 찾아냈어요. 모습이 땅 빛깔과 비슷해서 잘 구별되지 않았거든요.
산길은 햇볕을 쪼이려는 나비들이 잘 내려앉기 때문에 나비를 관찰하기 좋은 곳이에요.
"아빠, 나비가 무언가를 먹는 것 같아요.", "물을 먹는 거란다."
"정말요?" 물을 먹는 나비를 처음 본 준서와 윤서는 마냥 신기했어요.
산길에서 달리기 선수 길앞잡이, 굴 파는 땅강아지, 줄지어 기어가는 개미도 만났어요.
산길은 여러 가지 생김새의 다양한 곤충들의 모여드는 곤충들의 장터같아요.

등산객에게 산길을 안내하듯 앞으로 날아다녀서 '길앞잡이'예요.

길앞잡이
크기 18~21mm
알록달록한 빛깔의 육식성 곤충으로 '호랑이딱정벌레'라 불러요.

검정명주딱정벌레
크기 22~31mm
빠른 발과 날개로 재빨리 움직여서 사냥해요.

땅강아지의 앞다리를 보고 포클레인을 만들었어요.

땅강아지
크기 23~34mm
두더지처럼 앞다리로 땅을 잘 파서 '두더지귀뚜라미'라 불러요.

떼허리노린재
크기 8~12mm
떼로 모여서 먹이도 먹고 짝짓기도 해요.

가시개미
크기 7~8mm
붉은색의 가슴에 삐죽삐죽 '가시'가 나 있어요.

산에 사는 다리 많은 절지동물

관련 교과 3-2 과학 〈2. 동물의 생활〉

"으악~ 아빠!" 아빠와 함께 걷던 윤서가 아빠 품에 덥석 안겼어요.
산길 옆 풀숲에 살고 있는 거미를 보고 놀랐나 봐요. 거미는 곤충보다
움직임이 훨씬 더 빨라요. 그래야 곤충을 잡아먹을 수 있거든요.
기어가는 공벌레를 손으로 툭 건드렸더니 순식간에 둥근 공이 되었어요.
준서와 윤서는 공벌레가 다시 움직일 때까지 기다려보기로 했어요.
얼마 후 공벌레가 다시 몸을 펴고 가던 길을 재촉했어요.
"공벌레야, 잘 가!" 준서와 윤서는 웃으며 인사를 했답니다.

아기늪서성거미
크기 7~13mm
몸에 비해 다리가 무척 길고
알주머니를 입에 물고 다녀요.

별늑대거미
크기 6~10mm
햇볕이 좋은 산과 들의
풀밭과 논밭을 빠르게
기어 다녀요.

알주머니를
꽁무니 쪽의 실젖에
매달고 다녀요.

풀게거미
크기 5~10mm
풀잎에 숨어 있다가
개미처럼 작은 곤충을
잡아먹어요.

꽃게거미
크기 6~8mm
꽃게와 비슷하게 생겼어요.

잎사귀나 꽃잎에
숨어 있다가
먹잇감이 오면 덮쳐서
잡아먹어요.

중국연두게거미
크기 7.5~11mm
밝은 녹색이어서 풀잎에
앉으면 눈에 잘 안 띄어요.

줄연두게거미
크기 8~13mm
게를 닮은 연두색의 거미예요.

땅속에 공기를 불어넣어 토양을 좋게 만드는 유익한 생물이에요.

공벌레
크기 10~14mm
위험한 상황에 처하면 몸을 둥글게 말아 공 모양이 돼요.

쥐며느리
크기 10mm 내외
식물의 뿌리를 갉아 먹어 피해를 일으켜요.

집그리마는 설렁설렁 다녀서 '설레발이'라고도 해요.

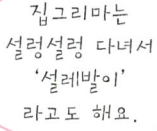

집그리마
크기 22mm 내외
옛날에는 집에 집그리마가 보이면 돈이 들어온다고 해서 '돈벌레'라 불렀어요.

고운까막노래기
크기 23~25mm
건드리면 몸을 순대처럼 동그랗게 말아요.

지렁이
크기 100mm 내외
몸이 원통형인 환형동물로 흙을 기름지게 만들어요.

홍지네
크기 70~80mm
쏜살같이 잘 기어 다니고 독이 있어서 물리면 아파요.

살펴보아요!

공벌레 의사행동

땅 위를 발발대며 기어 다니는 공벌레는 갑각류에 속하는 절지동물이에요. 위험한 상황에 처하면 몸을 움츠려서 공처럼 둥글게 만드는 모습이 고슴도치와 비슷하지요. 동그랗게 변한 모습이 콩처럼 보여 '콩벌레'라고 불리기도 해요. 시간이 흐르면 공벌레는 다시 원래의 모양으로 바뀌어 바쁘게 가던 길을 재촉한답니다.

톡! 하고 건드리면 데구르르~

공벌레 → 공처럼 변한 공벌레 → 공이 되었다가 다시 펴지는 모습

산 길가와 주변 풀밭에 사는 식물

관련 교과 4-1 과학 〈3. 식물의 한살이〉 / 4-2 과학 〈1. 식물의 생활〉

"와~ 산딸기다!" 준서네 가족은 길가에서 새콤달콤 맛있는 산딸기를 따먹었어요.
"퉤퉤! 아빠, 이건 맛이 이상해요." 윤서가 맛없는 뱀딸기를 잘못 먹었나 봐요.
아빠는 길가에 자라는 쇠뜨기를 하나씩 뜯었어요. "준서야, 윤서야, 여기 보렴."
블록처럼 하나씩 뜯어지는 쇠뜨기를 본 준서와 윤서의 눈이 동그랗게 커졌어요.
산 고개 옆으로 할미꽃이 고개를 숙인 채 피어 있어요.
준서와 윤서는 할미꽃처럼 꾸벅 인사를 하며 웃음꽃을 피웠어요.

줄딸기
높이 2~3m
꽃자루 끝에 연분홍색의 꽃이 피며 꽃자루와 꽃받침에 가시가 있어요.

멍석딸기
높이 1m 내외
줄기 끝에 분홍색 꽃이 모여서 피며 열매는 익으면 맛이 좋아요.

산괴불주머니
높이 30~50cm
꽃 모양이 노리개인 '괴불'을 닮았어요.

뭉툭한 붓처럼 생긴 생식줄기를 '뱀밥'이라 불러요.

물을 떠나 가장 먼저 땅 위에 퍼져 자란 식물이에요.

쇠뜨기 생식줄기

쇠뜨기
높이 30~40cm
소가 잘 뜯어 먹는 풀이라 해서 '쇠뜨기'예요.

고사리
높이 20~80cm
산의 양지바른 곳에 자라며 나물로 잘 먹어요.

할미꽃
높이 25~40cm
흙이 단단해지라고 뿌리는 석회를 좋아해서 무덤에 많이 자라요.

할미꽃 열매

흰 털로 덮인 열매가 '할머니 머리' 같아서 할미꽃이에요.

열매가 맛이 없고 많이 따먹으면 배탈이 날 수 있어요.

뱀딸기
높이 10~15cm
줄기가 뱀처럼 기면서 자라요.

조개나물
높이 8~30cm
산과 들의 풀밭에 보라색 꽃이 탑처럼 피어요.

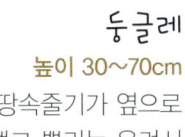

꽃을 뽑아서 밑 부분을 빨면 '꿀물'이 나와요.

둥글레
높이 30~70cm
땅속줄기가 옆으로 뻗고 뿌리는 우려서 차로 마셔요.

꿀풀
높이 20~40cm
원기둥 모양의 꽃이 장난감 방망이 같아서 '꽃방망이'라고도 해요.

냇물에 사는 도롱뇽과 개구리

관련 교과 1-1 봄 〈2. 도란도란 봄 동산〉 / 3-1 과학 〈3. 동물의 한살이〉 / 3-2 과학 〈2. 동물의 생활〉

준서네 가족은 시냇물 소리를 들리는 냇가로 향했어요.
"준서야, 저기 도롱뇽 알이 있어.", "도롱뇽이요?"
도롱뇽 알을 한 번도 보지 못한 준서는 계속 주변을 두리번거렸어요.
"아빠, 저기 순대처럼 보이는 게 도롱뇽 알이에요?", "듣고 보니 정말 순대같구나. 하하!"
준서와 윤서가 냇물의 낙엽과 돌 밑을 살필 때마다 개구리가 폴짝 점프했어요.
맑은 냇물 속은 꼬리로 헤엄치는 도롱뇽과 물속으로 첨벙 다이빙하는 개구리의 놀이터예요.
준서는 물과 땅을 오가며 사는 도롱뇽과 개구리를 신기한 듯 바라보았어요.

태어난 지 얼마 안 된 유체는 '갓난탈'이라 불러요.

도롱뇽 기본형
크기 8~13cm
개울이나 산기슭의 축축한 곳에 살며 작은 동물을 잡아먹어요.

도롱뇽 흑색형
크기 8~13cm
몸 빛깔이 갈색을 띠지만 때로는 검은색인 경우도 있어요.

도롱뇽 알주머니
둥그렇게 생긴 알주머니 속에 50여 개의 알이 들어 있어요.

새끼 도롱뇽은 몸이 길쭉하고 발가락 끝이 검은색 매니큐어를 바른 것 같아요.

꼬리치레도롱뇽
크기 12~18cm
높은 산의 계곡에 살며 허파가 없어서 피부로만 숨을 쉬어요.

빛깔이 붉고 화려해서 '고추개구리', '비단개구리'라고 불려요.

무당개구리
크기 3.5~5cm
무당의 옷처럼 빛깔이 화려해서 '무당개구리'예요.

옴개구리
크기 3~6cm
몸에 오톨도톨한 돌기가 무수히 많고 몸에 독이 있어요.

계곡산개구리
크기 3.5~6cm
가파른 계곡에 살아요.

사람들이 자주 잡아먹던 개구리지만 지금은 법으로 금지하고 있어요.

북방산개구리
크기 4~7cm
개울가, 논에 살며 곤충, 거미, 지렁이 등을 잡아먹어요.

청개구리
크기 3~4cm
발가락 끝이 나무타기에 알맞아서 '나무개구리'라 불려요.

 살펴보아요!

스스로를 지키는 동물의 경고색

동물과 곤충의 빛깔 중 붉은색과 노란색은 경고색이에요. 무당개구리는 위험한 상황에 처하면 몸을 뒤집어 붉은 배를 드러내서 독이 있음을 경고하지요. 굿을 하는 무당의 옷처럼 화려한 무당벌레와 무당거미도 마찬가지로 천적의 눈에 잘 띄도록 경고해요.

무당개구리 → 붉은 배를 드러낸 무당개구리 / 무당벌레의 경고색 / 무당거미의 경고색

관련 교과 3-2 과학 〈2. 동물의 생활〉

냇물에 사는 다양한 무척추동물

"영차영차!" 아빠가 큰 돌을 들추자 가재가 집게를 치켜들고 나타났어요.
"우와~ 가재다.", "윤서야, 손으로 잡아볼래?"
윤서가 무서워서 망설이고 있는데 준서는 오빠답게 손으로 덥석 잡았어요.
높이 들어 가재를 살펴보니 글쎄 배 밑에 알을 품고 있네요.
"가재야, 행복하게 살아." 준서와 윤서는 가재를 잠깐 관찰하고 얼른 놓아 주었어요.
냇물 속은 요리조리 헤엄치는 강도래, 하루살이, 새뱅이, 옆새우들의 세상이에요.
준서와 윤서는 신비롭고 놀라운 물속 생물 세상에 점점 빠져들었어요.

새끼는 어른 가재와 달리 몸이 작고 붉은 빛깔을 띠어요.

가재
크기 70~90mm
맑고 깨끗한 1급수 물에 살며 물속 곤충을 잡아먹어요.

가재 암컷
암컷은 배 밑에 알을 품고 다니다가 봄이 되면 알을 낳아요.

재생 능력이 뛰어나서 반으로 자르면 두 마리가 돼요.

플라나리아
크기 10~30mm
깨끗한 계곡이나 냇물의 돌 밑에 붙어사는 편형동물이에요.

새뱅이
크기 23mm 내외
하천이나 호수에 살며 '민물새우'라 불러요.

옆새우
크기 5~15mm
계곡과 냇물에 떨어진 낙엽을 갉아 먹어 분해시켜요.

물속엔 어떤 애벌레들이 살고 있을까?

가는무늬하루살이 애벌레
크기 20mm 내외
냇물의 모래 속에 살며 3개의 기다란 꼬리를 가졌어요.

가는무늬하루살이 성충

물맴이
크기 6~8mm
고요한 물에 둥둥 떠서 물 위를 맴돌며 헤엄쳐요.

수염치레날도래 애벌레
크기 10~14mm
실을 뿜어내 돌을 붙여서 집을 만들어 생활해요.

어른이 되어 날아다니는 모습이 나방과 닮았어요.

수염치레날도래 성충

1급 수의 맑은 계곡이나 냇가에만 사는 수질 지표 곤충이에요.

진강도래 애벌레
크기 25~30mm
빛깔이 돌과 비슷해서 '돌파리(스톤플라이)'라 불려요.

진강도래 성충

등빨간소금쟁이
크기 10~15mm
냇물이나 하천에 떨어진 시체를 빨아 먹어요.

쇠측범잠자리 애벌레
크기 15~20mm
몸이 납작하고 흐르는 냇물에 살아요.

쇠측범잠자리 성충

산에 사는 산새

관련 교과 3-1 과학 〈3. 동물의 한살이〉 / 3-2 과학 〈2. 동물의 생활〉

나뭇가지 사이를 쓱쓱 피해서 날아다니는 산새들은 최고의 비행사예요.
'따다다닥~', "아빠, 어디선가 나무 두들기는 소리가 나요.", "딱따구리로구나."
준서와 윤서는 얼른 망원경을 꺼내 딱따구리를 찾았어요.
"앗, 저기다!" 나무 위에서 벌레를 잡아먹던 딱따구리가 후드득 다른 곳으로 날아가요.
"깍— 깍—", "엄마, 까마귀가 정말 시꺼멓게 생겼어요.", "그래, 굴뚝에서 방금 나온 것 같구나!"
"오빠, 저 새는 정말 귀여워." 종종걸음 치는 박새와 곤줄박이는 언제 봐도 귀여워요.
울창한 숲속은 바쁘게 날아다니는 부지런한 새들의 천국이에요.

딱새
크기 14~15.5cm
암컷을 쫓아내고 수컷이 번식지를 지키며 '무당새'라고 불려요.

유리딱새
크기 14~15cm
평지나 낮은 산지의 수풀에 그릇 모양의 둥지를 만들어요.

💬 5월, 10월에 우리나라를 지나가다가 관찰되는 나그네새예요.

쇠박새
크기 12.5cm 내외
활엽수가 많은 곳에 살며 나무 구멍이나 갈라진 틈에 둥지를 만들어요.

💬 나무 구멍을 둥지로 쓰지만 인공 새집에서도 잘 번식해요.

박새
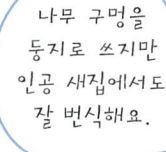
크기 13.5~15cm
목부터 가슴, 아랫배까지 긴 검은색 줄이 있어서 넥타이를 맨 것 같아요.

곤줄박이
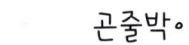
크기 13.5~14.5cm
딱따구리의 묵은 집, 썩은 나무 구멍에 이끼와 새털을 깔고 알을 낳아요.

수컷은 '장끼', 암컷은 '까투리'라 불려요.

꿩
크기 85~95cm
농경지, 풀밭에 살며 암컷에 비해 수컷의 빛깔이 화려해요.

큰부리까마귀
크기 56.5cm 내외
몸이 검고 고양이 울음소리를 내서 '가마괴'라 불리다 '까마귀'가 되었어요.

호랑지빠귀
크기 28~30cm
활엽수림이나 잡목림에 살며 몸이 호랑이 무늬로 덮여 있어요.

청딱따구리
크기 30cm 내외
깊은 숲에 많이 살았지만 최근에는 마을에서도 번식해요.

어치
크기 33.5~35.5cm
나뭇가지 위에 작은 가지들을 모아 둥지를 틀어요.

살펴보아요!

우리나라에서 볼 수 있는 새

지지배배 울며 날아다니는 새는 계절에 따라 텃새, 철새, 나그네새 등으로 구분해요. 텃새는 우리나라에서 1년 내내 볼 수 있는 새이고, 철새는 여름에 찾아오는 여름철새, 겨울에 찾아오는 겨울철새가 있어요. 나그네새는 봄가을에 우리나라를 통과하는 새를 말한답니다.

텃새	여름철새	겨울철새	나그네새

참새, 박새, 까마귀 등	제비, 뻐꾸기, 찌르레기 등	두루미, 고니, 청둥오리 등	유리딱새, 마도요, 꼬마물떼새 등

산에 사는 동물과 곤충

관련 교과: 1-1 봄 〈2. 도란도란 봄 동산〉 / 3-2 과학 〈2. 동물의 생활〉

'바스락 바스락.' 조용한 산속에 낙엽 밟는 소리가 들려요.
"쉿! 저기 다람쥐가 있어." 다람쥐를 발견한 준서와 윤서가 살금살금 다가갔어요.
그러나 다람쥐는 벌써 눈치를 채고 재빨리 나무 위로 도망쳤지요.
"준서야, 숲에는 덩치 큰 멧돼지도 살고 있어.", "정말요? 만나면 무서울 것 같아요."
멧돼지와 고라니는 종종 숲 주변의 밭에 나타나서 농작물에 피해를 줘요.
숲이 파괴되어 산속에서 먹이를 찾기 힘들어졌기 때문이지요.
산의 울창한 숲에는 덩치 큰 포유동물과 다양한 곤충들이 함께 살고 있답니다.

다람쥐
크기 12~15cm
주로 땅에서 잘 활동하며 '달리는 쥐'라는 뜻이에요.

> 땅속에 굴을 만들고 도토리, 개암, 밤, 식물의 씨앗을 먹어요.

청설모
크기 25cm 내외
소나무, 잣나무처럼 푸른 나무에 살아서 '청서(푸른 쥐)'라 불려요.

> 청서의 털이 붓을 만드는 데 이용돼서 '청설모'가 되었어요.

멧돼지
크기 120~200cm
먹이가 모자라면 밭에 나타나서 작물을 먹어 피해를 줘요.

> 나무 뿌리, 열매, 개구리, 뱀 등을 잡아먹는 잡식성 동물이에요.

고라니
크기 75~100cm
가장 흔하게 볼 수 있는 사슴으로 암수 모두 뿔이 없어요.

나뭇잎을 말아서 만든 요람 속에 1~3개의 알을 낳아요.

왕거위벌레
크기 8~12mm
길쭉한 목과 둥근 엉덩이가 거위를 빼닮았어요.

왕거위벌레 요람

몸이 뒤집히면 활처럼 휘었다가 펴면서 '똑딱' 소리 내어 바로잡아요.

대유동방아벌레
크기 9~12mm
나뭇잎에 앉아 있는 모습을 흔히 볼 수 있어요.

털보바구미
크기 8~12mm
딱지날개 끝 부분과 다리에 털이 많아서 '털보바구미'예요.

털두꺼비하늘소
크기 19~25mm
두꺼비 등판처럼 올록볼록하고 털 뭉치가 있어요.

사시나무잎벌레
크기 10~12mm
빨간색 딱지날개가 아름다운 잎벌레예요.

큰허리노린재
크기 18~25mm
몸집이 크고 방귀 냄새가 매우 지독해요.

노린재는 '노린내를 풍기는 곤충'이라는 뜻이에요.

관련 교과 1-1 봄 〈2. 도란도란 봄 동산〉 / 4-1 과학 〈3. 식물의 한살이〉 / 4-2 과학 〈1. 식물의 생활〉 / 6-1 과학 〈4. 식물의 구조와 기능〉

산에 일찍 피는 봄꽃

살랑살랑 보드라운 봄바람이 부는 산속에 꽃들이 인사를 건네 와요.
"엄마, 이 꽃 좀 보세요!" 윤서는 바람이 잘 부는 곳에 핀다는 바람꽃을 발견했어요.
엄마와 윤서는 한참 동안 아름다운 바람꽃을 감상했지요.
"와~ 정말 예쁘다." 뒤늦게 온 준서와 아빠도 바람꽃을 보고 감탄했어요.
"출발!" 준서와 윤서는 산에 핀 아름다운 보물을 더 찾아보기로 했어요.

가느다란 줄기가 꿩의 다리처럼 보인대요.

꿩의바람꽃
높이 10~25cm
꿩 소리가 들리는 산골짜기에 봄바람이 불면 꽃이 피어요.

현호색
높이 20cm 내외
산의 축축한 곳에 자라며 보라색, 분홍색, 하늘색 등 꽃 색깔이 다양해요.

타원형 잎에 얼룩무늬가 있어서 이름 지어졌어요.

깽깽이풀
높이 10~20cm
봄바람에 흔들리는 꽃이 깽깽이(해금, 바이올린 등)를 켜며 노는 모습과 닮았어요.

얼레지
높이 10~20cm
꽃줄기 끝에 커다란 한 송이의 꽃이 피며 나물로도 먹어요.

산골짜기에 살며 몸 전체에 독이 있는 식물이에요.

앉은부채
높이 10~40cm
부채처럼 둥글넓적한 잎을 갖고 있어요.

윤판나물
높이 30~50cm
노란색 꽃이 1~3송이씩
밑을 향해 피며 어린순은
나물로 먹어요.

각시붓꽃
높이 10~30cm
붓꽃보다 작고 예뻐서
'각시붓꽃'이 되었어요.

붓꽃
높이 30~60cm
산과 들에 피며
꽃봉오리가 붓을 닮았어요.

'행복', '사랑'
이라는 예쁜 꽃말을
가졌어요.

은방울꽃
높이 20~30cm
종처럼 생긴 은방울 모양의
꽃이 피며 어린순은
나물로도 먹어요.

숲 속에
별이 떴어요!

개별꽃
높이 10~15cm
산의 숲속에 피며 꽃자루 끝에
별 모양의 흰색 꽃이 피어요.

피나물
높이 20~30cm
줄기를 자르면 피같이 붉은색의
즙이 나와요.

산에 피는 나무꽃과 꽃을 좋아하는 곤충

관련 교과 1-1 봄 〈2. 도란도란 봄 동산〉 / 4-1 과학 〈3. 식물의 한살이〉 / 6-1 과학 〈4. 식물의 구조와 기능〉

"엄마, 이 꽃은 특이하게 생겼어요.", "윤서야, 그건 산수유 꽃이야!"
산은 노란 산수유와 빨간 진달래 덕분에 봄기운이 가득해요.
'훨훨~ 윙윙~' 화려한 봄꽃 덕분에 곤충들도 신이 난 모양이에요.
겨우내 움츠렸던 곤충들이 꽃을 찾아 부지런히 날아다녀요.
산속의 나무꽃과 꽃에 모이는 곤충을 관찰하다 보니 벌써 해가 저물고 있어요.
화려한 봄 세상은 숲에 사는 다양한 생물이 있어서 더욱 아름다워요.

가지를 잘라서 비비면 '생강 냄새'가 나요.

진달래
높이 2~3m
꽃을 따서 먹을 수 있기 때문에 '참꽃'이라 불려요.

산수유
높이 4~8m
나무 위에 둥그런 노란색 꽃이 가득 매달려요.

생강나무
높이 2~6m
꽃자루가 없는 꽃이 가지에 우산처럼 둥글게 피어요.

가지에 날카로운 가시가 있고 척박한 땅에서도 잘 자라요.

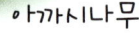

아까시나무
높이 15~25m
꽃향기가 진하고 꿀이 많아서 꿀벌이 많이 찾아와요.

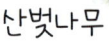

산벚나무
높이 10~20m
산에 자라며 연한 홍색~흰색의 꽃이 잎보다 먼저 피어요.

찔레꽃
높이 2~4m
흰색 또는 연한 붉은색의 꽃이 피며 줄기에 날카로운 가시가 많아요.

호랑나비
크기 56~97mm
날개에 있는 줄무늬를 보면
'호랑이 줄무늬'가 떠올라요.

암컷은 배 끝에 수컷이 만든 '짝짓기 주머니(수태낭)'를 달고 다녀요.

모시나비
크기 43~60mm
날개에 비늘가루가 없어서
'모시옷'처럼 투명해요.

'윙윙' 날갯짓 소리가 꿀벌의 비행소리와 닮아서 자신을 스스로 보호해요.

배짧은꽃등에
크기 10~13mm
산과 들의 다양한
꽃에 모여서 꽃가루를
핥아먹어요.

수염줄벌
크기 12~14mm
더듬이가 수염처럼
매우 길어요.

좀털보재니등에
크기 10mm 내외
제자리에서 정지비행하며 기다란
주둥이로 꿀을 빨아 먹어요.

풀색꽃무지
크기 10~14mm
꽃에 파묻혀서 꽃가루를 잘 먹어요.

살펴보아요!

서로 도움을 주고받는 꽃과 곤충의 공생

예쁜 꽃에는 다양한 곤충이 모여들어요. 꽃은 꽃가루받이를 위해 곤충이 필요하고, 곤충은 꽃가루와 꿀을 얻기 위해 꽃을 찾아야 하지요. 이렇게 꽃과 곤충은 서로 도움을 주고받으며 함께 살아간답니다.

나비류
- 제비나비

벌류
- 어리호박벌

파리류
- 빌로오도재니등에

딱정벌레류
- 긴알락꽃하늘소

노린재류
- 붉은잡초노린재

여름이 오면

나무가 울창해지고 풀이 쑥쑥 자라 초록 세상이 돼요.
쨍쨍 따가운 햇볕이 내리 쬐어도 숲속 생물들은 아랑곳하지 않고
사랑과 먹이를 찾아 움직이며 행복하게 살아요. 화단과 공원에는
다양한 곤충이 날아오고 나무에는 매미가 맴맴 울어요.
논밭에는 쑥쑥 자란 농작물이 열매를 맺고 졸졸 시냇가에는
수생식물들이 자라지요. 산길에는 예쁜 풀꽃들이 올망졸망 피어나고
울창한 숲에는 나뭇진을 먹는 곤충들이 모여들어요.
깜깜한 밤이 되면 밤에 활동하는 야행성 곤충들의 세상이 돼요.
무더운 여름, 숲속을 누비는 생물을 만나러 떠나 볼까요?

↑ 뜨거운 햇볕이 내리쬐는 풀잎에는
칠성무당벌레가 먹이를 찾아 바쁘게
기어다녀요.

↑ 예쁜 화단이나 길가에는
붉은색 맨드라미가 활짝 피었어요.

여름

숲속 생물들을
사진에 담아야지!

도시숲

관련 교과 2-1 여름 〈2. 초록이의 여름 여행〉 / 3-2 과학 〈2. 동물의 생활〉

화단과 공원에 사는 동물과 곤충

"앗, 깜짝이야." 준서가 현관문을 여는데 갑자기 고양이가 나타났어요.
고양이도 준서를 보고 놀랐는지 허겁지겁 담장 너머로 사라졌어요.
공원에서 예쁜 강아지를 발견한 윤서는 귀엽다며 강아지 머리를 쓰다듬어요.
강아지가 뛰노는 공원 풀밭에는 풍뎅이, 노린재 등 작은 곤충들이 바글거렸어요.
준서와 윤서가 쪼그리고 앉아 자세히 관찰하려고 했지만 금세 포르르 날아가 버려요.
준서네 가족은 화단과 공원을 둘러보며 또 다른 동물과 곤충을 찾아보기로 했어요.
준서와 윤서는 새로운 동물과 곤충을 만날 수 있다는 생각에 마음이 설레었어요.

식량을 갉아 먹는 쥐를 잡으려고 '리비아삵'을 길들인 동물이에요.

고양이
크기 45~73cm
균형 감각이 뛰어나서 높은 곳에서 뛰어내려도 안전해요.

구조견, 경찰견, 사냥견, 애완견 등 다양하게 이용되고 있어요.

개
크기 12~76cm
야생늑대를 길들인 동물로 인간과 함께 사는 반려동물이에요.

까치
크기 43~48cm
공원이나 들판에서 곡물을 쪼아 먹는 걸 볼 수 있어요.

집비둘기
크기 33cm 내외
귀소본능이 있어서 통신용으로 이용된 비둘기를 '전서구'라 불러요.

배설물이 건물 등을 부식시키고 질병도 일으켜 '유해동물'이 되었어요.

물까치
크기 37~39cm
숲에 둥지를 틀며 토끼, 청설모, 두더지를 잡아먹어요.

미륵무늬먼지벌레
크기 11.2~13.5mm
공원의 잔디밭을 발 빠르게 기어 다니며 작은 곤충을 잡아먹어요.

배노랑긴가슴잎벌레
크기 5~6.5mm
달개비 잎에 앉아 있는 모습을 흔히 볼 수 있어요.

등얼룩풍뎅이
크기 8~13mm
등판이 얼룩덜룩하고 더듬이가 포크 모양이에요.

검정볼기쉬파리
크기 7~13mm
쓰레기와 배설물에 잘 모여들고 질병을 옮겨요.

홍비단노린재
크기 6~9mm
주황색 줄무늬가 예뻐서 '각시비단노린재'라고도 불러요.

산바퀴
크기 12~14mm
집에 사는 '바퀴'와 비슷하지만 산에만 살아요.

> 수레바퀴처럼 잘 굴러가듯 재빨리 기어간다고 해서 '바퀴'에요.

도시숲

관련 교과 2-1 여름 〈2. 초록이의 여름 여행〉 / 3-2 과학 〈2. 동물의 생활〉

화단과 공원에 핀 꽃을 찾는 곤충

"윤서야, 멈춰!" 준서가 다급히 외치자 윤서가 깜짝 놀라 그 자리에 섰어요.
준서가 꽃에 앉아 꿀을 빠는 노랑나비를 발견한 모양이에요.
준서와 윤서는 살금살금 발뒤꿈치를 살짝 들고 조심스럽게 나비에게 다가갔어요.
둥글게 말고 있던 주둥이를 빨대처럼 쭉 펴고 꿀을 빠는 나비의 모습이 신기했어요.
'윙~', "윤서야, 조심해." 준서는 윤서의 손을 붙잡고 꽃밭에서 뛰쳐나왔어요.
"괜찮니?", "네, 아빠. 괜찮아요.", "너희가 본 건 벌이 아니라 흉내쟁이 꽃등에란다."
준서와 윤서는 놀란 가슴을 쓸어내리며 헬리콥터처럼 정지비행하는 꽃등에를 관찰했어요.

배추흰나비
크기 39~52mm
화단과 공원을 날아다니며 꽃에 잘 내려앉아요.

노랑나비
크기 38~50mm
마을 주변과 공원, 하천과 산지의 풀밭에 잘 날아다녀요.

헬리콥터처럼 정지 비행하며 풀꽃을 찾아다녀요.

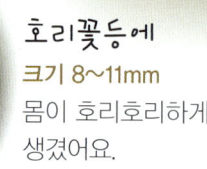

호리꽃등에
크기 8~11mm
몸이 호리호리하게 생겼어요.

배짧은꽃등에
크기 10~13mm
개망초 등의 풀꽃에 내려앉아 꽃가루를 핥아먹어요.

여자 아이의 한복에 매다는 예쁜 노리개 '부전'처럼 작고 알록달록해요.

큰주홍부전나비
크기 26~41mm
민들레, 개망초 등의 꽃에 모여 꿀을 빨아요.

50 여름

양봉꿀벌
크기 10~17mm
꽃가루를 암술에 옮겨주어 식물의 꽃가루받이를 도와줘요.

구리꼬마꽃벌
크기 8mm 내외
'꿀벌'처럼 부지런히 꽃을 찾아다니며 꽃가루와 꿀을 모아요.

호박벌
크기 12~23mm
호박꽃에 잘 날아오는 뚱뚱한 벌이에요.

몸속에 냉각펌프가 있어서 무더운 여름에도 잘 날아다닐 수 있어요.

어리호박벌
크기 20~23mm
덩치가 매우 커서 날아오면 깜짝 놀라요.

큰호리병벌
크기 25~30mm
매우 호리호리한 허리를 갖고 있는 벌이에요.

살펴보아요!

벌들은 모두 꽃가루와 꿀을 모을까?

벌류의 곤충이 모두 꽃가루와 꿀을 모으며 살지는 않아요. 꿀벌류에 속하는 꿀벌, 호박벌, 꽃벌만이 꿀을 모으지요. 말벌, 쌍살벌, 땅벌 등은 다른 곤충을 사냥하는 사냥벌이고, 맵시벌, 갈고리벌, 좀벌, 고치벌 등은 다른 곤충의 몸속에 알을 낳아 기생하는 기생벌이에요.

꿀을 모으는 벌	사냥벌	기생벌
 양봉꿀벌	 털보말벌	 흰줄박이맵시벌
 호박벌	 등검정쌍살벌	 등빨간갈고리벌

화단과 공원에 핀 예쁜 풀꽃 1

관련 교과 4-1 과학 〈3. 식물의 한살이〉 / 4-2 과학 〈1. 식물의 생활〉 / 6-1 과학 〈4. 식물의 구조와 기능〉

"윤서야, 뭐 하니?" 울타리 밑에 쪼그리고 앉아 있는 윤서 옆에 엄마도 같이 앉았어요.
"엄마, 알록달록한 꽃들이 정말 예뻐요.", "봉숭아와 채송화가 많이 피었구나!"
"윤서야, 엄마가 손톱에 물들여 줄까?", "정말요? 너무 예쁠 것 같아요."
히죽히죽 웃는 윤서는 예쁘게 물든 손톱을 상상만 해도 좋은가 봐요.
"엄마, 저 꽃은 이상해요. 한낮인데 아직 꽃이 안 피었어요."
"분꽃은 해질 무렵부터 피는 꽃이란다." 윤서는 꽃마다 다른 시간에 피는 게 신기했어요.
부채 모양의 범부채, 초롱 모양의 초롱꽃이 활짝 핀 화단은 예쁜 꽃들의 잔칫날이에요.

채송화
높이 20cm 내외
자주색, 노란색, 분홍색, 흰색 등 다양한 색깔의 꽃이 피어요.

꽃이 신선이 사는 곳에 살 것 같은 '봉황'을 닮았어요.

봉선화
높이 60cm 내외
'봉숭아'라고도 하며 꽃과 잎을 찧어 손톱 등에 물들이는 자연염색 재료예요.

옥잠화
높이 40~60cm
향기가 좋은 흰색 꽃은 저녁에 활짝 피었다가 아침에 시들어요.

비비추
높이 30~40cm
비비 꼬이는 잎사귀를 취나물로 먹어서 '비비취'가 '비비추'로 되었어요.

옛날 엄마들은 얼굴에 '분' 대신 분꽃 씨앗에 들어 있는 흰색 가루를 발랐어요.

분꽃
높이 60~100cm
해질 무렵부터 피고 아침에는 시들어요.

백일홍
높이 60~90cm
여름에 가뭄과 더위를 잘 견디며
백 일 동안 피어서 '백일초'라 불려요

꽃이 나비무늬를 닮아서 '나비꽃'이라고도 불려요.

범부채
높이 50~100cm
부채 모양의 꽃에 있는 점무늬가
호랑이(범) 무늬를 닮았어요.

맥문동
높이 30~50cm
산과 들에 자라지만 꽃을 보려고
화단에도 많이 심어요.

섬초롱꽃
높이 30~100cm
종 모양의 연한 자주색 꽃이
몇 송이씩 피어요.

밤에 불을 밝히는 초롱을 닮았어요.

금강초롱꽃
높이 30~90cm
금강산, 설악산, 태백산 등
높은 산에 사는
우리나라 특산종이에요.

화단과 공원에 핀 예쁜 풀꽃 2

관련 교과 4-1 과학 〈3. 식물의 한살이〉 / 4-2 과학 〈1. 식물의 생활〉 / 6-1 과학 〈4. 식물의 구조와 기능〉

"아빠, 화단에 눈이 내린 것 같아요.", "허허, 준서가 설악초를 발견한 모양이구나!"
화단에 핀 설악초 덕분에 무더운 여름날이 시원하게 느껴져요.
"아빠, 저기 나팔꽃도 있어요." 낯익은 꽃을 찾은 준서가 호들갑을 떨었어요.
"준서야, 그럼 저 꽃은 이름이 뭘까?", "음… 글쎄요."
준서는 매일 보는 아름다운 화초들의 이름이 궁금해졌어요.
어느새 가족들이 모두 화단 앞에 서서 화초들의 이름을 하나둘 부르고 있어요.
패랭이꽃, 맨드라미, 풍접초, 삼잎국화 등 이름을 알고 나니 화초가 더 예뻐 보였어요.

> 꽃 모양이 바람에 날리는 나비 같아 '풍접초(風蝶草)'예요.

풍접초
높이 1m 내외
잎과 줄기가 끈끈한 짧은 털로 덮여 있고 연보라색 꽃이 피어요.

끈끈이대나물
높이 50cm 내외
줄기에 대나무 같은 마디가 있고 끈끈한 진액이 나와요.

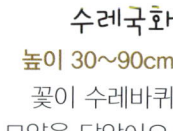

수레국화
높이 30~90cm
꽃이 수레바퀴 모양을 닮았어요.

조릿대
높이 1~2m
쌀을 일 때 쓰는 조리를 만드는 대나무이며 정원에도 심어요.

> 꽃꽂이 재료로 쓰이거나 뜰에 심어요.

설악초
높이 60cm 내외
잎 전체가 산에 눈이 내린 것처럼 하얗다고 해서 '설악초'라고 해요.

패랭이꽃
높이 30cm 내외
진분홍색 꽃이 옛날 사람들이 쓰던 '패랭이'를 닮았어요.

나팔꽃
길이 2~3m
나사처럼 감겨 있던 꽃이 나팔 모양으로 피어요.

> 새벽에 활짝 피었다가 아침이 되면 시들기 시작해요.

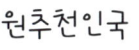

> 들판과 길로 퍼져나가 잘 자라며 '루드베키아'라고도 불려요.

> 빨간색 꽃이 닭 벼슬과 비슷해서 '닭벼슬꽃'이라고도 해요.

원추천인국
높이 30~50cm
꽃의 가운데 부분이 '원뿔 모양'으로 자라는 천인국'이라는 뜻이에요.

맨드라미
높이 40~80cm
꽃이삭이 만든 것처럼 아름다워서 지어진 이름이에요.

삼잎국화
높이 50~200cm
잎사귀가 3개로 갈라지는 국화예요.

살펴보아요!

관상용으로 재배하려고 기르는 화초

꽃을 가까이에서 감상하기 위해 재배하는 식물을 '화훼식물'이라고 해요. 특히 예쁜 꽃을 가까운 화단이나 정원에서 보기 위해 기르는 식물을 '화초'라고 부르지요. 높은 산지에 살거나 외국에 서식하는 예쁜 꽃을 가까운 화단이나 화분에 심어 매일 감상하는 건 도시에 사는 사람들에게 커다란 즐거움이 된답니다.

꽃범의꼬리
높이 60~120cm
붉은색, 보라색, 흰색 등의 꽃송이 모양이 '범 꼬리'처럼 화려해요.

외래종	 분꽃(멕시코)	 채송화(남아메리카)	 봉선화(인도, 중국 등)
국내종	 비비추	 금낭화	앵초

화단과 공원에서 자라는 나무꽃

"윤서야, 장미가 예쁘게 피었구나. 우리 저기서 사진 찍어 볼까?"
윤서와 엄마는 울타리에 핀 장미꽃의 매력에 흠뻑 빠졌어요.
"아빠, 저기 무궁화가 있어요.", "무궁화는 끊임없이 피고 지는 우리나라 나라꽃이란다."
준서는 무궁화의 색깔과 모양이 다양한 게 신기했어요. 무궁화는 수백 가지의 품종이 있거든요.
"준서야, 저 나무의 잎이 손바닥처럼 보이지 않니?", "진짜 둥글넓적한 손바닥 같아요."
공원에는 마로니에처럼 넓적한 나뭇잎이 달린 나무가 많이 심어져 있었어요.
그래야 공원에 내리 쬐는 뜨거운 햇볕을 막아 시원한 그늘을 만들어 주니까요.

장미
높이 1~2m
꽃이 아름답고 날카로운 가시가 있으며 정원이나 울타리에 심어요.

옛날에는 양반집에만 심을 수 있어서 '양반꽃'이라 불렀어요.

능소화
길이 10m 내외
줄기에 다른 물체를 감고 올라가는 덩굴손이 있어요.

수국
높이 1m 내외
비단으로 수놓은 것 같은 둥근 꽃이라고 해서 '수구화'라고도 해요.

무궁화는 '끊임없이 피는 꽃' 이라는 뜻이에요.

무궁화
높이 2~4m
우리나라 '나라꽃'이며 많은 품종이 개발되었어요.

산수국
높이 1m 내외
둥근 접시 모양의 꽃송이는 곤충을 불러들이는 '장식꽃'이에요.

'마로니에'는 가시칠엽수의 다른 이름이며 공원 이름으로도 유명해요.

가시칠엽수
높이 20m 내외
7장의 손바닥 모양의 넓은 잎이 달렸어요.

꽃이 백합과 비슷하게 생겨서 '백합나무'라 불려요.

튤립나무
높이 20~40m
가지 끝에 튤립 모양의 연녹색 꽃이 피어요.

뽕나무 잎을 먹고 자란 누에고치에서 뽑은 명주실로 비단 옷감을 만들어요.

뽕나무
높이 6~15m
열매인 '오디'를 먹으면 소화가 잘 되어 방귀를 뀐다고 해서 '뽕나무'예요.

자귀나무
높이 4~10m
꽃은 실처럼 기다란 분홍색 수술이 모여 달려 있어요.

담쟁이덩굴
길이 10m 내외
덩굴손이 있는 줄기로 담이나 나무에 달라붙어 올라가요.

들판의 풀잎과 꽃에 날아오는 곤충

관련 교과 2-1 여름 〈2. 초록이의 여름 여행〉 / 3-2 과학 〈2. 동물의 생활〉

오늘은 준서네 가족이 넓은 들판으로 자연 탐사를 떠나기로 했어요.
"앗! 무당벌레다." 무당벌레를 발견한 윤서에게 준서가 달려갔어요.
무당벌레들의 식사 시간인가 봐요. 진딧물을 맛있게 먹고 있었거든요.
풀잎 위에는 풍뎅이, 잎벌레, 노린재 등 다양한 곤충들이 모여 바쁘게 움직이고 있었어요.
"아빠, 저 꽃 위에 있는 곤충은 이름이 뭐예요?", "꽃가루를 먹는 꽃하늘소란다."
준서는 꽃하늘소가 정말 신기했어요. 꽃에는 나비와 꿀벌만 앉는다고 알고 있었거든요.
꽃을 찾는 곤충들은 쉽게 눈에 띄지 않았어요. 꽃처럼 알록달록한 빛깔을 갖고 있으니까요.

남색초원하늘소
크기 11~17mm
털 뭉치가 달린 더듬이가
매우 길어요.

진딧물을
잘 잡아먹어요.

칠성무당벌레
크기 5~8.5mm
빨간색 또는 주황색
딱지날개에 7개의
검은색 점무늬가 있어요.

풍뎅이
크기 15~23mm
활엽수의 잎과 꽃을 먹고
살며 딱지날개가 반질반질
광택이 나요.

쑥, 들깨, 콩,
토끼풀, 배추 등
다양한 작물을
갉아 먹어요.

알락수염노린재
크기 10~14mm
알록달록한 더듬이를 갖고 있어요.

크로바잎벌레
크기 3.6~4mm
딱지날개에 2개의
흰색 점무늬가 뚜렷해요.

왕파리매
크기 20~28mm
빠르게 날아다니며 사냥하는
솜씨가 '매' 같아요.

노랑애기나방
크기 31~42mm
풀밭에 앉아서 꿀을 빠는 나방이에요.

흰줄표범나비
크기 52~63mm
날개 아랫면에 난 흰색 줄이 뚜렷하고 점무늬는 '표범'을 닮았어요.

긴알락꽃하늘소
크기 12~23mm
다양한 꽃에 모여 꽃가루를 먹는 알록달록한 하늘소예요.

깜둥이창나방
크기 16~18mm
꽃 사이를 날쌔게 날아다니는 화려한 모습이 나비 같아요.

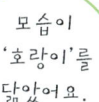

모습이 '호랑이'를 닮았어요.

호랑꽃무지
크기 8~13mm
모습을 벌로 위장하여 자신을 보호해요.

육점박이범하늘소
크기 7~13mm
매우 빠르게 걷고 날아다니며 꽃가루를 먹어요.

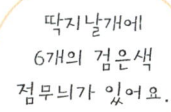

딱지날개에 6개의 검은색 점무늬가 있어요.

관련 교과 4-1 과학 〈3. 식물의 한살이〉 / 4-2 과학 〈1. 식물의 생활〉 / 6-1 과학 〈4. 식물의 구조와 기능〉

무더운 여름 들판에 자라는 풀꽃

준서와 윤서는 넓은 꽃밭을 향해 달려갔어요. 꽃밭에 들어가니 마치 꽃이 된 기분이에요.
"엄마, 이 꽃은 계란 프라이 같아요.", "하하, 그건 개망초란다."
"개망초요? 이름이 괴상해요.", "농사를 망치는 꽃이라는 뜻이야."
윤서는 개망초가 못된 잡초라고 알고 나니 괜히 미워졌어요.
그러나 바람에 하늘하늘 흔들리는 개망초가 너무 앙증맞아 미워할 수 없을 것만 같아요.
"아빠, 저도 해바라기처럼 키가 컸으면 좋겠어요."
준서는 부러운 표정으로 해바라기와 키재기를 해 보았어요.

꽃이 계란 프라이를 해놓은 것 같아서 '달걀꽃'이라고도 불려요.

개망초
높이 50~100cm
번식력이 좋아서 많이 자라면 농사를 망쳐요.

망초
높이 50~150cm
풀밭에 자라면 농사를 망쳐서 '망국초'라 불려요.

붉은토끼풀
높이 30~60cm
목초로 재배하려고 들여와 심은 것이 들로 퍼져나가 자랐어요.

꽃 모양이 막대 끝에 매달아 불을 밝히던 '초롱'을 닮았어요.

초롱꽃
높이 30~80cm
종 모양의 흰색 꽃이 아래로 늘어져 피어요.

토끼풀
높이 20~30cm
유럽이 원산지로 '클로버'라고도 불려요.

해바라기
높이 2m 내외
꽃이 해를 바라보고 피어요.

씨앗은 말려서 날로 먹거나 기름으로 만들어요.

강아지풀
높이 40~70cm
꽃이삭이 강아지 꼬리처럼 복슬복슬해요

닭장 주변에서 잘 자랄 정도로 생명력이 강해요.

참나리
높이 1~2m
주황색 꽃잎에 검은 자주색 점무늬가 빽빽하며 뒤로 말려 있어요.

닭의장풀
높이 15~50cm
하늘색 꽃이 닭 볏과 모양이 비슷해서 '달개비'라고도 불려요.

'어머니에게 유익한 풀'이라는 뜻으로 아기를 낳은 산모에게 좋아요.

익모초
높이 50~100cm
분홍색 꽃이 몇 송이씩 층층으로 피며 '육모초'라고도 불려요.

살펴보아요!

동물과 닮아서 지어진 식물 이름

식물의 이름 중에는 동물과 관련되어 이름이 지어진 경우가 많아요. 관련된 동물을 떠올리며 식물을 살펴보면 재미있어요.

토끼풀
토끼가 잘 먹는 풀이에요.

괭이눈
열매가 익을 때 고양이가 눈을 감은 것처럼 보여요.

강아지풀
강아지가 털이 복슬복슬한 꼬리를 흔드는 것 같아요.

범부채
꽃잎이 얼룩덜룩한 호랑이 무늬를 닮았어요.

닭의장풀
독한 닭똥이 많은 닭장 옆에서도 잘 살아요.

뱀딸기
뱀이 사는 수풀에 잘 자라요.

농장에 사는 가축

관련 교과 3-1 과학 〈3. 동물의 한살이〉 / 3-2 과학 〈2. 동물의 생활〉

"음머~" 멀리서 소 울음소리가 들리자 준서와 윤서는 소를 찾아보기로 했어요.
"오빠, 저쪽에 소가 있어.", "우와, 정말 많네. 아빠, 저기에 가축 농장이 있어요."
준서네 가족은 소가 여물을 오물오물 씹어 먹는 모습을 바라보았어요.
'철퍼덕 쏴~' 소가 엄청나게 많은 똥과 수돗물처럼 콸콸 나오는 오줌을 싸네요.
처음 보는 모습에 놀란 준서와 윤서의 입이 떡 벌어져서 다물어지지 않아요.
"꼬끼오~", "아빠, 왜 닭이 낮에 울어요?", "닭은 낮에도 운단다."
낮에 우는 닭 울음소리는 낮설기만 했어요. 닭은 새벽에만 운다고 알고 있었거든요.

주로 식육용으로 사육되지만 옛날에는 농사일도 도왔어요.

소(한우)
크기 310cm 내외
갈색 털을 갖고 있는 우리나라 대표 소예요.

양(코리델면양)
크기 120~180cm
털과 식용으로 이용하려고 기르는 뉴질랜드산 양이에요.

붉은사슴
크기 165~250cm
뿔이 멋진 대형사슴으로 '누렁이' 또는 '말사슴'이라 불려요

흑염소
크기 100cm 내외
턱에 수염이 있어서 할아버지처럼 보여요.

풀, 나뭇잎뿐 아니라 종이도 잘 먹어요.

똑똑해서 훈련을 받으면 재주를 잘 부려요.

집오리
크기 60cm 내외
고기와 알을 얻으려고 '청둥오리'를 길들였어요.

미니피그(제주재래돼지)
크기 100cm 내외
60kg 애완용으로 기르는 가장 작은 돼지예요.

수탉은 벼슬이 크지만 암탉은 작아요.

닭
크기 42~46cm
'적색산닭'을 길들여 만들어졌어요.
닭은 '꼬끼오', 병아리는 '삐약삐약' 울어요.

전 세계에 300~400개의 다양한 품종이 있어요.

개
크기 12~76cm
집과 가축을 지키려고 길러요.

나귀(당나귀)
크기 97cm 내외
아프리카의 야생 당나귀를 가축화시켜서 짐을 나를 때 이용해요.

미니말(셔틀랜드 포니)
크기 90~110cm
어린이 승마용 말로 인기가 매우 좋아요.

밭작물에 모이는 해충과 천적 곤충

관련 교과 2-1 여름 〈2. 초록이의 여름 여행〉 / 3-2 과학 〈2. 동물의 생활〉

"엄마, 채소가 불쌍해 보여요.", "윤서야, 왜 그러니?"
윤서가 농장 옆에 있는 밭에서 채소를 갉아 먹는 해충을 발견한 모양이에요.
"엄마, 가지 잎을 갉아 먹는 곤충이 무당벌레를 닮았어요.", "채소를 먹는 무당벌레란다."
"진딧물 대신 잎을 먹는다고요?" 윤서는 잎에 구멍을 뚫는 무당벌레를 싫은 눈으로
바라보았어요. '움찔움찔!' 작물을 갉아 먹던 해충들이 잔뜩 긴장한 것 같아요.
파리매, 맵시벌, 무당거미 같은 천적들이 나타났거든요.
밭은 채소를 갉아 먹는 해충과 해충을 잡아먹는 천적들이 함께 사는 세상이랍니다.

애벌레는 개미와 매우 비슷해요.

톱다리개미허리노린재
크기 14~17mm
콩 꼬투리의 즙을 빨아 먹어 피해를 줘요.

톱다리개미허리노린재 애벌레

꽈리허리노린재
크기 10~14mm
고추, 감자, 토마토 등의 즙을 빨아 먹어 채소에 질병을 일으켜요.

어른벌레, 애벌레 모두 감자, 가지 등의 잎을 갉아 먹어요.

큰이십팔점박이무당벌레
크기 7~8.5mm
딱지날개의 점무늬가 28개예요.

큰검정풍뎅이
크기 17~22mm
작물 뿌리의 즙을 빨아 먹어 피해를 줘요.

담배거세미나방 애벌레
크기 40mm 내외
작물의 잎을 마구 갉아 먹어 피해를 일으켜요.

달팽이
크기 20~30mm
고구마, 무, 배추, 상추의 잎을 갉아 먹어요.

검정파리매
크기 22~25mm
작물에 피해를 주는
나방을 공중에서
사냥해요.

남색주둥이노린재
크기 6~8mm
밭에 사는 나방류 애벌레의
체액을 빨아 먹어요.

밭 주변의 거미줄은 농사에 도움이 되기 때문에 제거하면 안 돼요.

무당거미
크기 20~30mm
거미줄을 쳐서 거미줄에 걸린
해충을 잘 잡아먹어요.

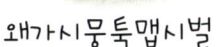

맵시벌, 좀벌 등의 기생벌은 해충을 사냥하는 자연 천적이에요.

왜가시뭉툭맵시벌
크기 12~14mm
나방류 애벌레의 몸속에
알을 낳아 기생해요.

가시늑대거미
크기 5~8mm
밭 주변을 발 빠르게
이동하며 사냥해요.

살펴보아요!

건강을 생각하는 친환경 방제법

작물을 갉아 먹는 해충을 잡기 위해 살충제를 뿌리지요. 그러나 살충제를 친 작물은 사람들의 건강에 좋지 않아요. 그래서 요즘은 살충제를 뿌리지 않고 유인트랩, 기피제, 천적을 활용하는 친환경 방제법을 이용하여 건강에 좋은 작물을 수확하기도 한답니다.

등화트랩(유인트랩)

페로몬트랩(유인트랩)

목초액, E.M(기피제)

밭에 자라는 작물

관련 교과 2-1 여름 〈2. 초록이의 여름 여행〉 / 4-1 과학 〈3. 식물의 한살이〉 / 4-2 과학 〈1. 식물의 생활〉 / 6-1 과학 〈4. 식물의 구조와 기능〉

"엄마, 빨리 와보세요. 토마토예요.", "토마토가 정말 알알이 달렸구나!"
준서와 윤서는 주렁주렁 매달린 토마토를 보니 입 안에 군침이 돌았어요.
밭에는 토마토 외에도 가지, 고추, 파 등의 밭작물이 가득 자라고 있어요.
준서와 윤서는 탐스럽게 달린 열매를 보며 보물이라도 발견한 것처럼 좋아했어요.
"얘들아, 저기 옥수수도 있어.", "와~ 정말 옥수수네. 옥수수수염도 보여요."
'쩝쩝.' 옥수수를 좋아하는 준서와 윤서는 옥수수를 먹는 흉내를 냈어요.
맛좋은 다양한 채소와 곡식이 자라는 밭은 가장 멋진 보물섬 같아요.

감자
높이 60~100cm
땅속줄기에 열린 감자는 구황작물로 먹어요.

한입에 먹기 좋게 개량한 품종이 방울토마토예요.
방울토마토

토마토
높이 1~1.5m
비타민이 풍부하고 맛이 좋으며 토마토주스나 케첩을 만들어 먹어요.

풋고추는 반찬으로, 말려서 빻은 고춧가루는 양념으로, 고춧잎은 나물로 먹어요.

고추
높이 60~90cm
긴 원통 모양의 녹색 열매가 빨갛게 익으며 매운맛이 나요.

파
높이 70cm 내외
매운맛이 나는 작물로 잎이 굵은 '대파', 작고 가느다란 '실파'가 있어요.

가지
높이 60~100cm
줄기와 잎은 검은 자주색이고 회색 털이 있으며 보라색 꽃이 피어요.

들깨
높이 60~90cm
씨앗은 양념과 들기름으로, 깻잎은 쌈채소나 장아찌로 만들어 먹어요.

콩나물은 콩을 싹 틔워서 기른 채소예요.

콩
높이 60cm 내외
기다란 꼬투리는 털로 덮여 있고 덩굴로 자라요.

토란
높이 100cm 내외
흙 속의 덩이줄기에 달린 알 모양의 '토란'으로 토란국을 끓여 먹어요.

오이
길이 1.5~2.5m
덩굴손을 갖고 있는 오이의 열매는 무침, 냉국, 피클로 먹어요.

뿌리는 나물로 먹고 치통, 기관지염, 설사 등의 약재로도 쓰여요.

도라지
높이 40~80cm
줄기를 자르면 우유 같은 액체가 나오며 보라색 꽃이 피어요.

수세미오이
길이 12m 내외
열매는 오이 모양이고 그물 모양의 섬유로 수세미를 만들어요.

옥수수
높이 1~3m
아시아, 아프리카는 식용, 유럽은 사료작물로 이용돼요.

옥수수 열매는 간식으로, 옥수수염은 차로 끓여 먹어요.

관련 교과 2-1 여름 〈2. 초록이의 여름 여행〉 / 3-1 과학 〈3. 동물의 한살이〉 / 3-2 과학 〈2. 동물의 생활〉

하천에 사는 동물과 수서곤충

준서네 가족은 농장과 밭을 지나 하천변으로 향했어요.
"우와~ 아빠, 새가 날아가요.", "저 새는 하천에 많이 날아오는 왜가리란다."
"아빠, 큰일났어요. 물속에 동동 떠 있는 오리가 죽을 것 같아요."
"윤서야, 저건 오리가 머리를 물속에 집어넣고 사냥하는 거야.", "하하! 그래요?"
준서는 작은 웅덩이를 발견하고 쪼그리고 앉아 물속을 관찰했어요.
"윤서야, 소금쟁이가 있어." 물 위에서 스케이트 타는 소금쟁이는 언제 봐도 재밌어요.
소금쟁이 옆에는 거꾸로 뒤집어져 배영으로 헤엄치는 송장헤엄치게도 있었답니다.

왜가리
크기 94~97cm
백로류에 속하지만 몸 빛깔이 전체적으로 회색이에요.

물고기를 사냥하려고 오랫동안 잠수하는 실력이 뛰어나요.

중대백로
크기 83~89cm
하천, 호수 등에서 개구리, 물고기, 수서곤충을 잡아먹고 소나무나 참나무류에 둥지를 만들어요.

민물가마우지
크기 80~94cm
민물과 바다가 있는 하구나 호수 지역에 무리 지어 생활해요.

남생이
크기 20~30cm
토종 민물거북으로 천연기념물 453호, 멸종위기동식물 2급이에요.

붉은귀거북
크기 20~30cm
눈 뒤의 귀 부분에 붉은색의 띠무늬가 있는 거북이에요.

'청거북'이라고 하며 애완용으로 수입되었지만 유해종이 되어 수입 금지되었어요.

흰뺨검둥오리
크기 52~62cm
얼굴 옆면이 흰색이고
수생식물이 풍부한 곳에 살아요.

> 오리 중 유일하게 강가와 바닷가에서 번식해요.

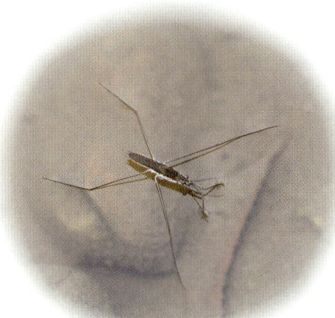

소금쟁이
크기 11~16mm
고요한 물에 살다가
먹이가 없으면 다른 곳으로
날아서 이동해요.

물자라
크기 15~22mm
타원형의 몸이 '자라'와 닮았어요.

> 알이 부화될 때까지 등에 지고 정성껏 돌봐서 '알지기'라 불려요.

장구애비
크기 30~40mm
굵은 앞다리로 먹잇감을
움켜잡아 사냥해요.

송장헤엄치게
크기 11~14mm
몸을 거꾸로 뒤집어
배영을 하듯 헤엄쳐요.

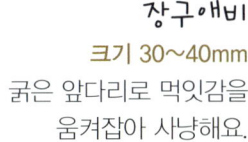

물방개
크기 35~40mm
오리발처럼 잘 발달된 털 많은
뒷다리로 헤엄을 잘 쳐요.

> 꽁무니를 수면으로 내밀어 공기방울을 단 후 다시 잠수해요.

마을숲

관련 교과 4-2 과학 〈1. 식물의 생활〉 / 6-1 과학 〈4. 식물의 구조와 기능〉

하천변 식물과 연못의 수생식물

"아빠, 여기에도 나팔꽃이 많아요.", "준서야, 그건 나팔꽃이 아니라 메꽃이야."
하천의 풀밭에는 메꽃과 환삼덩굴, 가시박 같은 덩굴식물이 많았어요.
준서네 가족은 하천 옆에 만들어 놓은 넓은 생태연못으로 향했어요.
"엄마, 저기요! 넓은 잎 위에 물방울이 굴러다녀요.", "어디에 있니?"
준서와 윤서, 엄마와 아빠는 넓은 수련 잎에 물방울이 구르는 걸 보며 웃음꽃을 피웠어요.
예쁜 수련과 연꽃이 가득한 경치를 감상하다 보니 시간이 가는 줄도 몰랐어요.
준서네 가족은 집으로 돌아가는 발걸음을 재촉했어요.

밤에는 꽃이 핀 모습을, 낮에는 꽃이 오므라든 모습을 볼 수 있어요.

달맞이꽃
높이 60~100cm
밤에 피어 달을 맞이하는 꽃이라는 뜻이에요.

메꽃
높이 50~100cm
줄기가 물체를 감고 올라가면서 자라는 덩굴식물이에요.

어린잎은 나물로, 즙액은 벌레 물린 데 바르며 '눈쟁이'라고도 해요.

명아주
높이 50~200cm
굵고 단단한 줄기로 지팡이를 만들어요.

다른 풀과 나무를 뒤덮어 죽이는 '유해식물'이에요.

가시박
길이 4~8m
연녹색 꽃이 피고 '가시 달린 열매가 열리는 박'이라는 뜻이에요.

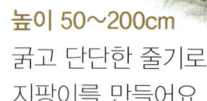
가시박 열매

환삼덩굴
길이 2~4m
삼베 만드는 삼 잎을 닮은 덩굴식물로 우리나라에 들어온 귀화식물이에요

> 연못, 강가,
> 습기 많은 곳에
> 자라며 꽃이삭이
> 소시지 모양이에요.

부들
높이 1~1.5m
꽃가루받이할 때 부들부들
떨어서 '부들'이에요.

연
높이 1~2m
늪과 연못에서 재배하며 연뿌리인 '연근'은
반찬과 약으로 이용해요.

> 물 위에
> 떠돌아다닌다고
> 해서 '부평초'라
> 불려요.

> 낮에 피었다가
> 밤에 오므라들어서
> '잠자는 연꽃'이라
> 불려요.

개구리밥
높이 1~1.5cm
개구리가 사는 곳에 잘 자라고
올챙이가 잘 먹는 풀이에요.

수련
높이 5~12cm
붉은색 또는 흰색 꽃이 연꽃과 닮았어요.

부레옥잠
높이 20~30cm
부푼 잎자루는 물고기의
'부레' 같고 모습은
'물옥잠'과 닮았어요.

살펴보아요!

수생식물의 종류와 역할

수생식물은 물속에 들어온 중금속이나 독성 물질 등의 오염물질을 깨끗하게
정화시키는 역할을 하는 고마운 식물이에요. 서식하는 위치에 따라 정수식물,
부엽식물, 부유식물, 침수식물로 구분해요.

정수식물
뿌리는 진흙 속에 있고 잎과 줄기는
물 위로 뻗은 식물을 말해요.

갈대

부엽식물
뿌리는 물속에 있고 잎은 물 위에
떠 있는 식물이에요.

수련

부유식물
식물 전체가 물 위에 둥둥 떠서
생활하는 식물이에요.

개구리밥

침수식물
물속에 가라앉아서 생활하는
식물을 말해요.

붕어마름

관련 교과 2-1 여름 〈2. 초록이의 여름 여행〉 / 3-2 과학 〈2. 동물의 생활〉

산길에서 활동하는 다양한 곤충

"으악! 아빠, 쥐가 죽었어요." 깜짝 놀라 소리 지르는 윤서에게 모두 달려갔어요.
"우웩! 냄새." 준서는 냄새가 난다면서 코를 틀어막았어요.
아빠는 쥐 시체를 뒤집어 보았지요. 시체 밑에서는 송장벌레들이 바글거렸어요.
준서와 윤서는 지저분한 시체를 먹고 사는 곤충이 있다는 것에 놀라워했어요.
산길에는 진흙을 모아 집을 만드는 호리병벌과 애벌레를 사냥하는 나나니도 날아다녔어요.
나비들은 뜨거운 산길에도 잘 내려앉아요. 물도 먹고 햇볕도 쪼여야 하니까요.
산길은 다양한 모습의 곤충들이 활발하게 움직이며 함께 사는 소중한 서식지랍니다.

반짝거리는 몸 빛깔이 매우 아름다운 곤충이에요.

폭탄먼지벌레
크기 11~18mm
위험한 천적을 만나면 100도가 넘는 폭탄 방귀를 뀌어 싸워요.

홍단딱정벌레
크기 25~45mm
지렁이, 작은 곤충을 잡아먹는 육식성 곤충이에요.

큰넓적송장벌레
크기 17~23mm
동물의 시체와 배설물을 먹고 살아요.

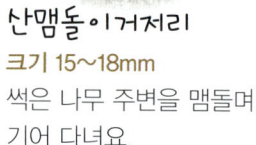

산맴돌이거저리
크기 15~18mm
썩은 나무 주변을 맴돌며 기어 다녀요.

쥐, 새 등의 동물의 시체를 파묻어 분해시키는 '장의사 딱정벌레'예요.

넉점박이송장벌레
크기 13~21mm
주황색 딱지날개에 4개의 검은색 점이 있어요.

노랑털검정반날개
크기 16~19mm
딱지날개가 반쪽밖에 없어서 '반날개'예요.

큰호리병벌
크기 25~30mm
땅에서 흙을 모아 호리병 모양의 집을 만들어요.

나비류 애벌레를 호리병 모양의 집에 넣고 그 안에 알을 낳아요.

참땅벌
크기 18mm 내외
곤충의 시체와 썩은 과일에 잘 모여들어요.

노란색 줄무늬는 독성이 있는 침이 있다는 경고색이에요.

나나니
크기 18~25mm
땅 위를 낮고 빠르게 날아다니며 나비류 애벌레를 사냥해요.

왕오색나비
크기 71~101mm
나뭇진과 배설물에도 잘 모여서 물과 미네랄을 섭취해요.

큰흰줄표범나비
크기 58~69mm
땅에 잘 내려앉아 물을 먹어요.

황오색나비
크기 55~76mm
오색 빛깔을 띠는 매우 화려한 나비예요.

냇물에 사는 수서곤충과 습지의 수생식물

관련 교과 2-1 여름 〈2. 초록이의 여름 여행〉 / 4-2 과학 〈1. 식물의 생활〉 / 6-1 과학 〈4. 식물의 구조와 기능〉

준서와 윤서는 냇물을 보자마자 첨벙 뛰어들었어요. 더위가 한 번에 날아가는 것 같았어요.
"아빠, 낙엽이 저절로 움직여요. 마술인가 봐요.", "날도래 집을 본 모양이구나."
나뭇잎과 모래로 만들어진 날도래 집은 최고예요. 낙엽과 정말 닮았거든요.
"얘들아, 빨리 와 봐. 끈끈이주걱이 있어.", "어느 쪽이에요?"
"으악!" 준서는 서둘러 아빠에게 가려다가 발이 푹 빠졌어요. 냇물 위쪽은 물이 계속
스며 나오는 습지였거든요. 풀이 많아서 겨우 끈끈이주걱을 찾을 수 있었어요.
주걱 모양의 잎이 끈적끈적해서 벌레가 붙으면 빠져나오기 힘들 것 같아요.

띠무늬우묵날도래 애벌레
크기 30~35mm
모래, 나무줄기, 나뭇잎 조각으로
원통형 집을 지어요.

돌 위를 기어 다니며 하루살이 등의 작은 수생동물을 잡아먹어요.

무늬강도래 애벌레
크기 20~25mm
물이 빠르게 흐르고 자갈이 많은 곳에 살아요.

수온이 낮은 계곡과 냇물의 돌에 붙어 번데기가 돼요.

가시우묵날도래 애벌레
크기 13~15mm
작은 모래와 돌을 이용해서
원통형 집을 지어요.

대륙뱀잠자리 애벌레
크기 40~50mm
작은 물고기나 곤충을 잡아먹고 살아요.

어리장수잠자리 애벌레
크기 34~40mm
수생동물을 잡아먹고 위험한
상황이면 죽은 척해요.

파리지옥
높이 20~30cm
파리를 많이 잡아먹는 식충식물이어서 '파리지옥'이에요.

끈끈이주걱
높이 6~30cm
주걱 모양 잎의 끈끈한 액체로 사냥하는 벌레잡이식물이에요.

땅귀개
높이 7~15cm
산의 축축한 곳에서 자라는 식충식물로 벌레를 잡아먹어요.

> 열매가 귀지를 파내는 '귀이개'를 닮았어요.

물이끼
높이 10~20cm
두툼한 잎으로 물을 잘 흡수하여 저장할 수 있어요.

> 화분의 잎이 마르지 않도록 덮어 주는 재료로 쓰여요.

고마리
높이 60~80cm
물가에 살면서 물을 깨끗하게 해주는 고마운 식물이에요.

살펴보아요!

수서곤충의 호흡법

물속에서 생활하는 수서곤충들은 물속에 녹아 있는 산소를 이용하거나 물 밖에 있는 산소를 이용하여 숨을 쉬며 살아가요. 물속에서 계속 활동하는 날도래, 강도래, 하루살이, 측범잠자리 애벌레들은 물고기와 비슷한 형태의 기관아가미로 물속에 녹아 있는 산소를 흡수하여 숨을 쉬지요. 물속과 물 밖을 오가며 생활하는 물방개, 물장군, 물자라, 장구애비 등은 물 밖에 있는 산소를 흡수하여 호흡을 해요.

물속의 산소를 이용해요.
— 날도래, 강도래, 하루살이, 측범잠자리

바수염날도래

진강도래

뿔하루살이

물 밖의 산소를 이용해요.
— 물방개, 물자라, 장구애비, 게아재비, 물장군

물방개

물자라

장구애비

산의 숲

관련 교과 3-1 과학 〈3. 동물의 한살이〉 / 3-2 과학 〈2. 동물의 생활〉

산에서 만나는 산새와 기다란 몸의 길동물

"저기 하늘을 봐!" 아빠의 말에 하늘을 올려다보니 말똥가리와 솔개가 날아다니고 있었어요.
"밤이 되면 올빼미와 부엉이도 울 거야.", "아빠, 정말이에요?"
밤의 사냥꾼 올빼미와 부엉이가 나온다는 말에 준서와 윤서는 걱정이 앞섰어요.
오늘 밤에는 산에서 텐트를 치고 캠핑을 하기로 했거든요.
"으악! 뱀이다!" 윤서가 뱀이 있는 곳을 가리켰지만 뱀은 벌써 스르륵 사라져 버렸어요.
아빠는 윤서가 발견한 뱀이 독사가 아니라서 스스로 도망쳤다고 알려주셨어요.
준서와 윤서는 뱀도 독사가 아니면 사람을 무서워한다는 것이 무척 신기했어요.

말똥가리
크기 46~56cm
농경지, 산지, 하천 등에서 들쥐를 사냥하는 멸종위기 야생동물이에요.

독수리
크기 110cm 내외
나무 위에 둥지를 틀고 죽은 짐승을 먹는 대형 맹금류예요.

천연기념물 324-1호, 멸종위기 야생동식물 2급으로 지정되었어요.

딱따구리 중 가장 작고, 나무에 동그란 집을 만들어요.

쇠딱따구리
크기 15cm 내외
낮은 산지에 살면서 나무 틈새의 작은 벌레들을 잡아먹어요.

올빼미
크기 39~43cm
눈이 부리부리하며 날카로운 발톱으로 사냥해요.

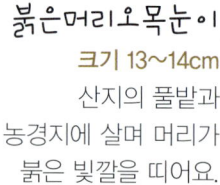

붉은머리오목눈이
크기 13~14cm
산지의 풀밭과 농경지에 살며 머리가 붉은 빛깔을 띠어요.

몸 빛깔이 알록달록해서 '꽃뱀'이라 불려요.

보양식으로 이용하려고 마구 잡아서 멸종위기 동물이 되었어요.

유혈목이
크기 70~100cm
개구리, 두꺼비를 잡아먹는 우리나라에서 가장 흔한 뱀이에요.

구렁이
크기 100~200cm
옛날에는 집 근처에 살면서 쥐를 잡아먹어 곡식을 보호해 주었어요.

누룩뱀
크기 70~100cm
나무를 잘 타서 새의 알과 새끼를 잘 잡아먹어요.

쇠살모사
크기 50~60cm
세모꼴의 머리에 독이 들어 있는 우리나라에서 가장 흔한 독사예요.

천적에게 잡히면 스스로 꼬리를 끊고 달아나요.

아무르장지뱀
크기 15~22cm
숲 가장자리와 밭, 무덤 근처에 살며 곤충과 거미를 잡아먹어요.

울퉁불퉁한 몸에서 '부포톡신'이라는 독이 나와요.

두꺼비
크기 6~12cm
연못, 저수지 등에 살며 밤이 되면 곤충, 지렁이, 달팽이를 잡아먹어요.

산에서 만나는 다양한 곤충

관련 교과 2-1 여름 〈2. 초록이의 여름 여행〉 / 3-1 과학 〈3. 동물의 한살이〉 / 3-2 과학 〈1. 동물의 생활〉

준서네 가족은 해가 지기 전에 텐트를 치고 캠핑 준비를 서둘렀어요.
캠핑 준비를 마치고 주변의 숲을 살펴보기로 했지요. "맴맴~" 매미들이 합창을 해요.
"으, 깜짝이야!", "오빠, 왜 그래?", "금방 저쪽으로 말벌이 날아간 것 같아."
"모두 이리로 와 봐." 아빠가 나뭇진을 먹고 있는 말벌을 발견했어요.
"와! 사슴벌레다." 준서는 나뭇진에 모여 활동을 시작하는 사슴벌레를 발견했어요.
"아빠, 하늘소와 장수풍뎅이도 있어요." 다양한 곤충들이 나뭇진을 먹기 위해 모여들었어요.
덩치 큰 곤충들이 나뭇진을 서로 차지하려고 결투를 벌이는 모습이 정말 흥미로워요.

장수풍뎅이
크기 30~83mm
우람한 장수처럼 풍뎅이 중에서 가장 힘센 풍뎅이예요.

(수컷은 멋진 뿔이 있지만 암컷은 뿔이 없어요.)

사슴풍뎅이
크기 21~35mm
머리에 사슴뿔 모양의 돌기가 있어요.

(암컷은 뿔이 없고 몸 빛깔도 갈색으로 달라요.)

넓적사슴벌레
크기 20~84mm
수컷의 큰턱은 수사슴의 뿔을 닮았어요.

(암컷은 뿔이 없고 몸 빛깔도 갈색으로 달라요.)

하늘소
크기 34~57mm
더듬이가 몸 길이보다 더 길며 밤에 활동하는 야행성 곤충이에요.

벚나무사향하늘소
크기 25~35mm
벚나무 등의 나뭇진에 잘 모여들어요.

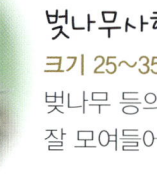

78 여름

고려나무쑤시기
크기 12~16mm
딱지날개에 2쌍의 노란색 점무늬가 있어요.

극동버들바구미
크기 7~11mm
주둥이가 길쭉하고 나뭇진에 잘 모여들어요.

털보말벌
크기 24~26mm
나무에 구멍을 파고 집을 만들고 나뭇진을 잘 먹어요.

> 대나무처럼 생겨서 '죽절충(대나무마디곤충)' 이라 불려요.

대벌레
크기 70~100mm
나뭇가지처럼 위장술이 뛰어나고 참나무류를 갉아 먹어요.

> 중국에서 우리나라에 들어온 종류여서 '중국매미' 라고도 불려요.

꽃매미
크기 14~15mm
포도나무 등의 다양한 나무에 모여 즙을 빨아 먹어요.

참매미
크기 56~60mm
'밈밈밈미~' 하며 울어서 '매미'라는 이름이 지어졌어요.

살펴보아요!

애완곤충 '장수풍뎅이'와 '사슴벌레' 이야기

숲에 사는 장수풍뎅이와 사슴벌레는 예쁜 풀꽃을 가까이에서 감상하려고 기르는 화초처럼 곁에 두고 기르는 애완용 곤충이에요. 옛날에는 마을이나 산의 숲에 있는 나무에서 채집해서 놀잇감으로 가지고 놀았지만 사육하기 쉬워서 요즘은 애완용이나 교육용으로 사육하여 가까운 곳에서 볼 수 있는 대표적인 곤충이 되었답니다.

우람한 몸과 뿔이 멋진 장수풍뎅이

수컷

암컷

수사슴의 뿔처럼 멋진 집게가 달린 왕사슴벌레

수컷

암컷

불빛에 모여드는 야행성 곤충

관련 교과 3-1 과학 〈3. 동물의 한살이〉 / 3-2 과학 〈2. 동물의 생활〉

밤이 되어 텐트 위에 불을 밝혔더니 불나방, 명나방, 자나방 등의 나방들이 날아왔어요.
"으악! 아빠, 새가 날아왔어요.", "뭐라고? 새가 날아왔다고?"
아빠가 달려가 보니 윤서와 엄마가 놀란 표정으로 서로 부둥켜안고 있어요.
그런데 윤서와 엄마가 본 건 새가 아니었어요. 새처럼 커다란 산누에나방과 박각시였지요.
'타닥~', "사슴벌레다!" 불빛에 날아온 사슴벌레를 발견한 준서가 싱글벙글이에요.
불빛에는 땅파기 선수 땅강아지, 맴맴 우는 매미, 발 빠른 꼬마길앞잡이도 날아왔어요.
밤의 숲은 낮에 볼 수 없는 다양한 밤 곤충들의 세상이었답니다.

톱니태극나방
크기 54~61mm
앞날개에 소용돌이처럼
보이는 태극 모양의
무늬가 있어요.

점박이불나방
크기 42~47mm
회백색의 날개에 검은색
점무늬가 많아요.

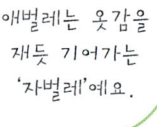

애벌레는 옷감을
재듯 기어가는
'자벌레'예요.

흰줄푸른자나방
크기 40~45mm
녹색의 날개에 비스듬한
흰색 줄무늬가 있어요.

녹색박각시
크기 62~81mm
몸통이 뚱뚱하지만 녹색
날개가 매우 아름다워요.

목화바둑명나방
크기 28~30mm
흰색 날개에 굵은
흑갈색 테두리가 있어요.

몸집이 매우
커서 불빛에 날아오면
새처럼 보여요.

옥색긴꼬리산누에나방
크기 95~117mm
옥색의 날개에 4개의
둥근 눈알 무늬가 있어요.

주로 낮에 활동하지만 밤에는 불빛에도 잘 날아와요.

털보왕버섯벌레
크기 9~13mm
딱지날개의 주황색 무늬가 톱니 모양이에요.

꼬마길앞잡이
크기 8~11mm
몸집이 작아서 '꼬마길앞잡이'예요.

톱사슴벌레
크기 22~74mm
큰 턱의 모양이 '톱니'를 닮았어요.

애기물방개
크기 11~13mm
연못이나 웅덩이에 살다가 불빛을 보고 날아와요.

칠성풀잠자리
크기 14~15mm
낮에는 진딧물을 잡아먹고 밤에는 불빛에 날아와요.

애매미
크기 43~46mm
낮엔 나무 위에서 목청껏 울고 밤에는 불빛을 보고 날아와요

땅강아지
크기 23~34mm
날개는 짧지만 밤에 불빛에 잘 날아와요.

관련 교과 3-2 과학 〈2. 동물의 생활〉

산에서 만나는 다채로운 무척추동물

다음 날 아침, 준서네 가족은 산길로 산책을 갔어요. "음~ 정말 공기 좋다."
"윽! 이게 뭐지?", "오빠, 나도 걸렸어." 준서와 윤서가 그만 거미줄에 걸리고 말았어요.
매우 끈적거리는 거미줄에 작은 곤충들이 걸리면 꼼짝 못하게 되지요.
"아빠, 나무를 오르는 저건 뭐예요?", "다리가 길어 유령거미라고도 하는 통거미구나."
통거미는 거미와 비슷하지만 몸이 구분 없이 하나로 되어 있어서 특이했어요.
땅에는 다리가 많은 지네와 노래기, 다리가 없는 민달팽이도 기어가고 있어요.
준서와 윤서는 부지런히 하루를 시작하는 작은 동물을 닮아야겠다고 생각했어요.

그물의 중앙에 X자 모양의 흰 띠가 달렸어요.

호랑거미
크기 20~25mm
햇볕이 잘 드는 곳에 둥근 그물을 쳐요.

먹이를 거머잡는다는 뜻에서 '거미'가 되었어요.

긴호랑거미
크기 20~25mm
천적으로부터 위협을 받으면 몸을 흔들어 그물을 진동시켜요

흰눈썹깡충거미
크기 5~8mm
머리 앞쪽의 흰색 줄무늬가 '눈썹'같아요

시각장애인이 지팡이로 길을 찾는 듯 움직여서 '장님거미'라고도 불려요.

연두어리왕거미
크기 7~10mm
나뭇가지나 풀숲에 수직의 둥근 그물을 쳐요.

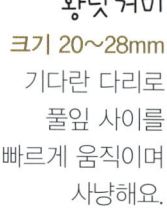

황닷거미
크기 20~28mm
기다란 다리로 풀잎 사이를 빠르게 움직이며 사냥해요.

통거미
5~10mm
머리, 가슴, 배의 구분이 없이 하나로 되어 있어서 '통거미'예요.

작은 곤충, 톡토기, 거미, 응애 등을 잡아먹어요.

돌지네
크기 10~15mm
낙엽 밑, 돌 밑, 나무껍질 아래에 살면서 매우 빠르게 기어 다녀요.

면장땅지네
크기 70~90mm
낙엽 밑에 살며 몸이 호리호리하고 매우 길어요.

황주까막노래기
크기 30mm 내외
습한 숲이나 들에서 발견되며 고약한 냄새를 풍겨요.

고운까막노래기
크기 23~25mm
건드리면 몸을 순대처럼 둥글게 말아요.

민달팽이
크기 40~50mm
집을 지고 다니지 않는 달팽이로 암수가 한 몸이에요.

살펴보아요!

동물의 다리가 서로 달라요!

동물이 사냥하고 짝짓기를 하기 위해 이동하려면 다리가 매우 중요해요. 동물마다 다리의 숫자와 형태는 서식지와 생활 방식에 따라 매우 다양하게 발달되어 있어요. 동물의 다리 숫자와 형태를 살펴보면 어떤 동물에 속하는지 알 수 있답니다.

무척추동물
- 0개 : 환형동물(지렁이), 연체동물(달팽이)
- 6개 : 곤충류(장수풍뎅이, 하늘소, 무당벌레)
- 8개 : 거미류(거미, 응애, 진드기)
- 10~14개 : 갑각류(가재, 공벌레, 쥐며느리)
- 18개 이상 : 절지동물(지네, 노래기, 그리마)

 달팽이  쥐며느리

척추동물
- 0개 : 어류(잉어, 붕어, 버들치), 파충류(살모사, 구렁이, 유혈목이)
- 2개 : 조류(비둘기, 참새, 까치, 독수리, 올빼미, 딱따구리 등)
- 4개 : 양서류(개구리, 도롱뇽), 파충류(장지뱀, 거북), 포유류(다람쥐, 고양이, 곰 등)

 잉어  반달곰

산의 숲

관련 교과 4-1 과학 〈3. 식물의 한살이〉 / 4-2 과학 〈1. 식물의 생활〉 / 6-1 과학 〈4. 식물의 구조와 기능〉

산에서 자라는 다양한 식물

산에는 예쁜 꽃들이 활짝 피어 있었어요. 아름다운 꽃을 보고 있으면 마음도
아름다워지는 것 같아요. "준서야, 무슨 냄새가 나지 않니?", "글쎄요. 어떤 냄새요?"
아빠는 칡과 더덕 냄새를 따라 열심히 찾아다녔어요.
"준서야, 윤서야, 여기 있다!", "아빠, 이건 꽃이잖아요."
아빠가 발견한 건 칡과 더덕의 꽃이었어요. 뿌리는 땅속 깊이 박혀서 보이지 않았지요.
산속의 그늘진 곳에는 솔이끼가 자라고, 오래된 나무와 그루터기에는 구름버섯도 보였어요.
산의 울창한 숲은 다양한 식물들이 함께 사는 행복한 공간이랍니다.

원추리
높이 50~100cm
봄철에 어린순은 나물로 먹고
뿌리는 이뇨제, 소화제로 쓰여요.

동그랗고 노란 꽃이 금화를 닮아서 '금전화' 라고도 불려요.

금불초
높이 30~60cm
옛날 사람들은 노란 꽃을 보고
금불상을 떠올렸어요.

매미꽃
높이 20~40cm
지리산, 한라산 등에
살고 있는 우리나라
특산식물이에요.

쥐꼬리망초
높이 10~40cm
꽃차례가 쥐꼬리 모양을
닮았어요.

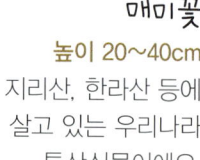

이질풀
높이 30~50cm
설사하는 병인 '이질'에 약으로
이용되어 '이질풀'이에요.

싸리
높이 2~3m
자주색 꽃이 무리 지어 피며 농촌에서는
싸리비, 채반, 소쿠리도 만들어요.

뿌리는 '갈근'이라 해서 발한, 해열에 이용해요.

칡
길이 10m 이상
자주색 꽃이 피며 양지바른
산에 잘 자라는 덩굴식물이에요.

물과 무기양분을 흡수하지 못하는 헛뿌리를 가졌어요.

솔이끼
높이 5~20cm
산속의 그늘진 곳에
무리 지어 자라요.

뿌리는 향이 좋아서 식용으로 이용하고 기침에 좋은 약재로도 쓰여요.

더덕
길이 2m 내외
종 모양의 자주색 꽃이 아래를 향해 달려요.

구름송편버섯
높이 5~60cm
숲속의 오래된 나무와 그루터기에 무더기로
모여 살며 1년 내내 볼 수 있어요.

가을과 겨울이 오면

단풍이 울긋불긋 물들고 풀벌레들의 아름다운 연주회가 열려요. 가로수도 아름답게 단풍으로 물들고 가을꽃에는 곤충들이 날아들어요. 풀밭에는 메뚜기가 폴짝폴짝 뛰어다니고, 밤이 되면 여치와 귀뚜라미의 울음소리가 가을의 정취를 느끼게 해 주지요. 가을이 지나고 추운 겨울이 찾아오면 겨울철새들의 세상이 돼요. 추위에 약한 나무는 앙상한 나뭇가지만 남긴 채 겨울나기를 하고, 동물과 곤충은 따뜻한 땅속이나 나무속에서 겨울잠을 자요. 단풍으로 아름답게 물든 가을 세상, 눈보라 치는 추운 겨울 세상에 살아가는 숲속 생물들을 만나러 떠나 볼까요?

풍성한 열매가 알알이 맺히는 가을에 감이 주렁주렁 열렸어요.

벼가 무르익는 논에는 폴짝폴짝 우리벼메뚜기가 뛰어다녀요.

가을·겨울

토끼야, 바랭이풀이 맛있니?

화단과 공원의 동물과 곤충

관련 교과 1-2 가을 〈현규의 추석〉 / 3-2 과학 〈2. 동물의 생활〉

"찌빠 찌빠.", "오빠, 새가 감나무에 날아왔어.", "정말? 빨리 나가 보자."
준서와 윤서는 주렁주렁 열린 감을 쪼아 먹고 있는 직박구리를 찾아냈어요.
화단에 가득 떨어진 단풍잎 위에는 까치와 참새가 종종걸음 치고 있고요.
나무 사이를 날렵하게 뛰어다니는 작은 동물을 보고 윤서가 소리쳤어요.
"아빠, 다람쥐예요!", "저건 다람쥐가 아니라 청설모란다."
'윙~', "앗 깜짝이야." 준서는 바닥에 떨어진 감에 모여든 장수말벌을 보고 겁을 먹었어요.
화단과 공원에는 탐스럽게 열린 열매에 다양한 곤충과 동물이 모여들었어요.

모래에 날개를 비벼서 목욕을 해요.

참새
크기 14~14.5cm
도시 근처에서 가장 흔하게 볼 수 있으며 처마 밑, 나무 구멍에 둥지를 만들어요.

까치
크기 43~48cm
단풍이 떨어진 낙엽 위에서 모이를 쪼아 먹어요.

직박구리
크기 27~30cm
도시 정원의 감나무에 익은 감을 먹으러 잘 날아와요.

사람을 태우거나 짐을 운반하려고 야생말을 길들인 가축이에요.

말
크기 300cm 내외
경마공원에서 볼 수 있는 경주용 말은 빨리 달릴 수 있어요.

화단과 공원의 단풍과 열매

관련 교과 1-2 가을 〈현규의 추석〉 / 6-1 과학 〈4. 식물의 구조와 기능〉

준서와 윤서는 엄마, 아빠와 함께 정원을 아름답게 물들인 단풍 구경을 했어요.
"얘들아, 어떤 단풍이 맘에 드니?", "노란 은행잎이 좋아요.", "빨간 단풍잎이 예뻐요."
"엄마, 열매도 참 예뻐요.", "정말 그렇구나!" 자주색의 좀작살나무 열매,
검은색의 맥문동 열매, 남색의 며느리배꼽 열매도 가을을 물들이고 있었어요.
"아빠, 저기 대추예요." 먹음직스럽게 열린 대추를 보더니 준서는 꿀꺽 침을 삼켰어요.
윤서는 뾰족뾰족한 가시칠엽수 열매를 보더니 신기한 열매를 찾겠다고 뛰어다녔어요.
예쁘게 물든 가로수들이 가을의 정취를 물씬 풍기는 날이에요.

단풍나무
높이 10~15m
가을이 되면 손바닥 모양의 잎이 붉은색으로 아름답게 물들어요.

> 바람이 불면 다 익은 열매가 바람개비처럼 빙글빙글 돌며 떨어져요.

> 열매인 '은행'은 노랗게 익고 은행잎은 혈액순환제(징코민)로 쓰여요.

은행나무
높이 40~60m
노랗게 물든 모습이 아름다워서 공원수와 가로수로 많이 심어요.

감나무
높이 10m 내외
생감을 따서 저장하면 말랑말랑한 '홍시'가 되고, 말리면 '곶감'이 돼요.

> 도시나 마을에 많이 심으며 새들의 먹이가 되기도 해요.

튤립나무
높이 20~40m
노란색이나 갈색으로 물들며 '백합나무'라 부르기도 해요.

담쟁이덩굴
길이 10m 내외
덩굴이 집 담장을 타고 오른다 해서 이름 지어졌어요.

좀작살나무
높이 1~2m
자주색의 열매가 알알이 달려 있으며 관상용으로 심어요.

다른 나무보다 가장 늦게 잎이 돋아나 '양반나무'라 불려요.

대추나무
높이 2~10m
붉은색으로 익은 대추는 차로 끓여 먹거나 한약재로 이용돼요.

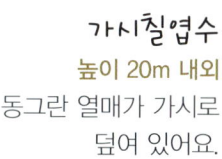

가시칠엽수
높이 20m 내외
동그란 열매가 가시로 덮여 있어요.

맥문동
높이 30~50cm
자주색이 도는 검은색 열매가 줄줄이 달려요.

잎자루가 붙어 있는 모습이 '배꼽'과 닮았어요.

며느리배꼽
길이 2m 내외
둥근 열매는 남색으로 변했다가 검은색으로 익어요

살펴보아요!

단풍이 물드는 원리 '단풍의 색깔'

식물의 잎 속에는 엽록소가 있어서 초록색으로 보여요. 그러나 가을이 되면 엽록소가 파괴되어 식물의 잎 속에 가려져 있던 또 다른 색소가 나타나면서 나뭇잎이 붉은색이나 노란색으로 물들게 되지요.
'안토시아닌' 색소가 나타나면 붉은색, '카로티노이드' 색소가 나타나면 노란색으로 물들게 되어 아름다운 단풍이 된답니다.

붉은색 – 안토시아닌 색소

단풍나무

담쟁이덩굴

노란색 – 카로티노이드 색소

은행나무

백목련

마을숲

관련 교과 3-1 과학 〈3. 동물의 한살이〉 / 3-2 과학 〈2. 동물의 생활〉

누릇누릇 가을 들판의 곤충

준서네 가족이 오랜만에 찾은 드넓은 풀밭은 풀벌레 세상이에요.
준서와 윤서가 폴짝 뛰는 메뚜기를 잡겠다고 정신없이 뛰는 모습이 메뚜기 같아요.
"아빠, 사마귀예요!" 사마귀가 준서를 노려보며 물러서지 않고 덤비려는 것 같아요.
사마귀는 앞다리를 들고 날개를 펼쳐 위협 자세를 취했어요. 역시 최고의 사냥꾼다워요.
높고 파란 가을 하늘에는 잠자리가 구름처럼 두둥실 떠가요.
들판에 핀 예쁜 풀꽃에는 나비와 꽃등에가 쉴 새 없이 찾아들고요.
누릇누릇 변해 가는 가을 들판은 풀벌레와 잠자리의 천국입니다.

몸 빛깔에 녹색이 많이 있는 녹색형도 있어요.

두꺼비메뚜기
크기 23~34mm
오톨도톨한 돌기가
두꺼비 등판을 닮았어요.

팥중이
크기 28~46mm
몸에 있는 점무늬가 팥가루를
뿌려놓은 것 같아요.

밑들이메뚜기
크기 25~40mm
배 끝 부분이 위로 들어 올라가
있어서 이름 지어졌어요.

등검은메뚜기
크기 25~42mm
등쪽 가슴등판 부분이
진한 검은 빛깔이에요.

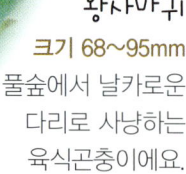

왕사마귀
크기 68~95mm
풀숲에서 날카로운
다리로 사냥하는
육식곤충이에요.

사마귀
크기 65~90mm
사냥하는 모습이
범처럼 사나워서
'버마재비'라 불러요.

날개띠좀잠자리
크기 32~38mm
날개 중앙에 갈색 띠무늬가 있어요.

고추좀잠자리
크기 38~44mm
산과 들을 누비는 가장 흔한 잠자리예요.

고추밭 지지대에 잘 내려앉아서 '고추잠자리'라 불러요.

해마다 적도와 열대 지방에서 날아오는 이동성 잠자리예요.

작은멋쟁이나비
크기 43~59mm
국화와 코스모스에 잘 내려앉아 꿀을 빠는 예쁜 나비예요.

된장잠자리
크기 37~42mm
몸 빛깔이 된장 빛깔을 닮았어요.

박각시는 '박꽃을 찾아오는 예쁜 각시'라는 뜻이에요.

작은검은꼬리박각시
크기 42~45mm
기다란 주둥이를 내밀어 깊은 꽃 속의 꿀을 빨아요.

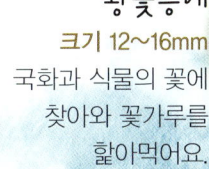

왕꽃등에
크기 12~16mm
국화과 식물의 꽃에 찾아와 꽃가루를 핥아먹어요.

들판에 핀 가을 풀꽃

관련 교과 4-1 과학 〈3. 식물의 한살이〉 / 4-2 과학 〈1. 식물의 생활〉 / 6-1 과학 〈4. 식물의 구조와 기능〉

"와~ 코스모스다!" 윤서는 바람에 흔들리는 코스모스를 바라보며 함박 미소를 지었어요.
"정말 예쁘구나!" 준서네 가족은 코스모스 길을 산책하며 사진도 찍었어요.
"앗, 차가워." 고마리가 활짝 핀 들판을 달리다가 준서의 발이 그만 진흙에 빠지고 말았어요.
"준서야, 괜찮니?", "네, 조금 젖긴 했는데 괜찮아요."
준서는 고마리가 축축한 물가에 사는 식물인지 몰랐나 봐요.
"고마리는 물을 맑게 해주는 고마운 식물이어서 고마리라 불린단다."
준서와 윤서는 물을 깨끗하게 해주는 고마리가 더 예뻐 보인다며 한참을 감상했어요.

노랑코스모스
높이 70~110cm
잎이 코스모스보다 넓고 주황색 꽃이 피어요.

코스모스
높이 100~200cm
바람에 살살 흔들리는 꽃이라고 '살살이꽃'이라 불려요.

규칙적으로 배열된 '코스모스' 꽃은 그리스어로 질서와 조화를 뜻해요.

벌개미취
높이 50~90cm
햇볕이 잘 들고 물기가 많은 곳에서 잘 자라요.

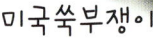

미국쑥부쟁이
높이 30~100cm
북아메리카가 원산지인 국화류의 귀화식물이에요.

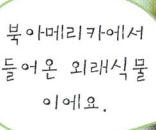
북아메리카에서 들어온 외래식물이에요.

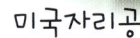

쑥부쟁이
높이 30~100cm
연한 보라색 꽃이 피며 땅속줄기로 번식해요.

미국자리공
높이 100~150cm
뿌리는 약으로 쓰고 열매는 물을 들이는 데 이용해요.

개여뀌
높이 20~50cm
들판이나 길가에서
흔히 볼 수 있어요.

고마리
높이 60~80cm
흰색 또는 분홍색 꽃이 피며
들이나 냇가에서 자라요.

💬 붉은색 꽃과 둥근 잎을 갖고 있는 풀이라는 뜻이에요.

둥근잎유홍초
길이 3m 내외
화초로 기르다가
들로 퍼져 나가
자라고 있어요.

배초향
높이 40~100cm
보라색 꽃이 모여서 피며
산과 들에서 자라요.

기생초
높이 30~100cm
화려한 꽃이 '기생'이
치장한 것 같아요.

💬 줄기와 가지 끝에 보라색 꽃이 모여서 피어요.

꽃향유
높이 30~60cm
열매는 향기 나는 기름을 짜고
어린순은 나물로 먹어요.

살펴보아요!

외국에서 들어온 귀화식물

우리나라에 살지 않던 외국식물이 우리나라에 들어와서 적응해 사는 식물을
'귀화식물'이라고 해요. 토끼풀, 개망초, 미국쑥부쟁이, 가시박 등의 귀화식물은
번식력이 매우 뛰어나서 우리나라 토종식물을 밀어내고 자리를 차지하여
생태계에 큰 피해를 일으키고 있어요. 특히, 최근에는 덩굴식물 가시박이 유입되어
하천 생태계의 다양한 토종식물을 뒤덮어 자라지 못하게 방해하고 있지요.
가시박으로 인해 하천 생태계는 몸살을 앓고 있답니다.

 가시박　 토끼풀　개망초　 미국쑥부쟁이

논밭과 하천의 곤충

관련 교과 1-2 가을 〈현규의 추석〉 / 3-1 과학 〈3. 동물의 한살이〉

'투둑~' 누렇게 익어 고개 숙인 벼에 달라붙어 있던 벼메뚜기가 점프를 해요.
'사각사각~' 섬서구메뚜기와 줄베짱이는 작물의 잎을 갉아 먹고 있고요.
'따다다닥~', "아빠, 따닥깨비가 짝을 찾나 봐요.", "오호, 그렇구나!"
방아깨비 수컷인 따닥깨비는 자신의 위치를 알려 짝을 찾아요.
논밭 옆 하천 풀밭에는 실잠자리와 물잠자리가 물풀 사이를 포르르 날아다녀요.
풀즙을 좋아하는 노린재와 활개치며 날아다니는 팔랑나비도 보였어요.
곡물과 열매가 익어 가는 논밭과 하천은 다양한 가을 곤충들의 세상이랍니다.

수컷은 '따다다닥' 소리를 내며 날아다녀요.

우리벼메뚜기
크기 23~40mm
논밭의 땅과 풀잎에 잘 내려앉았다가 건드리면 툭 하고 점프해요.

방아깨비
크기 42~86mm
뒷다리를 잡고 있으면 방아를 찧는 것처럼 위아래로 쿵더쿵 해요.

머리에 눈썹 모양의 흰색 줄무늬가 있어요.

왕귀뚜라미
크기 17~24mm
우리나라에서 가장 큰 귀뚜라미로 '릴리리리' 울어요.

섬서구메뚜기
크기 23~47mm
몸이 길쭉한 다이아몬드 모양을 닮았어요.

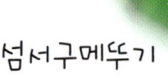

줄베짱이
크기 35~40mm
등 부분 중앙에 줄무늬가 있고 채소를 갉아 먹어요.

긴꼬리쌕쌔기
크기 24~31mm
암컷의 산란관이 매우 길어서 긴 꼬리가 달린 것 같아요.

논밭과 하천의 식물

가을 논밭에서는 벼가 무르익고 채소들도 결실을 맺어요.
누렇게 익은 벼에 쌀알이 가득 박혀 있는 모습이 풍년을 알리고 있었어요.
"풍년이 된 건 농부들이 땀 흘려 농사지었기 때문이야."
논 옆에 있는 밭에는 배추, 호박, 무 등의 갖가지 채소가 가득 자라고 있었답니다.
"앗, 따가워! 아빠 도와주세요." 아빠는 준서의 옷에 달라붙은 도꼬마리를 떼어 주었어요.
신기한 도꼬마리 씨앗을 본 준서는 윤서의 옷에 도꼬마리 씨앗을 붙였어요.
둘은 서로의 옷에 도꼬마리 씨앗을 붙이며 도망 다니느라 바빠요.

벼
높이 50~100cm
벼를 찧은 것이 '쌀'이고 전 세계 인구의 절반 이상이 쌀을 먹어요.

가을이 되면 누렇게 변한 벼 이삭이 고개를 숙여요.

배추
높이 40~80cm
겨울 동안 먹기 위해 김장을 담가 오랫동안 저장하여 먹어요.

배추로 담그는 김치는 우리나라를 대표하는 음식이에요.

무
높이 30~10cm
무는 김치, 깍두기, 국, 무침 등으로 다양하게 요리해서 먹어요.

호박
길이 8~10m
어린잎은 쌈으로, 애호박은 반찬으로, 익은 호박은 죽으로 만들어 먹어요.

수크령
높이 30~80cm
자주색 털이 빽빽한 이삭이 크기가 큰 강아지풀 같아요.

길가에 자라는 고양이 꼬리를 닮은 풀이라는 뜻으로 '길갱이'라 불려요.

💬 갈대 이삭에서 가을 풍경이 느껴지고 뿌리는 물을 깨끗하게 정화시켜요.

💬 억새가 가득 자라는 가을 들판에서는 억새 축제가 열려요.

억새
높이 1~2m
이삭은 빗자루, 줄기는 자리나 발을 엮고 초가지붕도 만들어요.

갈대
높이 1~3m
이삭이 갈색이고 줄기가 대나무 같아서 '갈대'예요.

별꽃아재비
높이 10~40cm
꽃 모양이 별을 닮았어요.

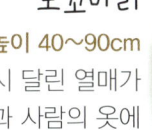

💬 도꼬마리 씨앗이 달라붙는 걸 보고 매직테이프(벨크로)를 생각해냈어요.

도꼬마리
높이 40~90cm
가시 달린 열매가 동물의 털과 사람의 옷에 잘 달라붙어요.

💬 아이들은 기다란 바랭이 이삭으로 '우산'과 '조리'를 만들어 놀아요.

바랭이
높이 30~70cm
소, 돼지, 토끼 등의 가축들이 잘 먹어서 사료로 이용해요.

관련 교과 3-1 과학 〈3. 동물의 한살이〉 / 3-2 과학 〈2. 동물의 생활〉 / 6-1 과학 〈4. 식물의 구조와 기능〉

산에 사는 동물과 식물

"준서야, 윤서야, 여기 도토리가 가득 열렸구나!", "도토리묵 해먹으면 좋겠어요."
"하하하! 도토리는 우리만 먹을 수 없어. 야생동물들의 소중한 먹이가 되거든."
도토리가 풍년이면 다람쥐, 청설모, 곰 등의 야생동물들이 행복해서 모두 웃는대요.
준서가 밤나무에 탐스럽게 열린 밤송이를 계속 쳐다봐요. 군밤을 정말 좋아하거든요.
숲속으로 들어가자 베짱이, 여치 등의 풀벌레 울음소리가 계속 들렸어요.
다양한 동식물들이 함께 살고 있는 숲은 생명체들의 천국인가 봐요.
숲에 다양한 생물이 살고 있기에 사람도 행복하게 살 수 있답니다.

다람쥐
크기 12~15cm
참나무류의 열매인 도토리를 잘 먹어요.

살모사
크기 50~60cm
낮은 산에 살면서 쥐, 물뭍동물(양서류) 등을 잡아먹어요.

적을 만나면 똬리를 틀고 공격 자세를 취해요.

갈색여치
크기 25~33mm
산지의 풀숲에 살며 앞날개끼리 비벼서 소리를 내요.

베짱이
크기 31~40mm
'스이익~ 찍' 하고 우는 소리가 베 짜는 소리와 비슷해요.

좀사마귀
크기 36~63mm
몸의 크기가 왕사마귀, 사마귀보다 훨씬 작아서 '좀사마귀'예요.

갈참나무
높이 20~25m
황갈색 잎이 아름다워서 불리던 '가을참나무'가 '갈참나무'가 되었어요.

참나무류의 열매인 '도토리'는 가루로 내어 묵을 쑤어 먹어요.

신갈나무
높이 20~30m
산 중턱 이상에서 가장 많이 자라는 참나무예요.

도토리로 팽이치기, 구슬치기, 공기놀이를 해요.

상수리나무
높이 20~25m
마을 근처 산기슭에서 잘 자라며 목재로는 숯을 만들어요.

밤나무
높이 15m 내외
산기슭, 냇가, 마을 부근에 자라며 열매 속에는 2~3개의 밤이 들어 있어요.

물봉선
높이 40~70cm
산골짜기 물가에 피는 꽃으로 '봉선화'를 닮았어요.

살펴보아요!

숲속의 도토리 전쟁

참나무류의 열매인 도토리는 숲속에 사는 야생동물에게 소중한 먹이가 되지요. 그러나 최근 지구온난화로 인한 기후변화로 참나무류에 피해를 주는 해충이 급격히 불어나고 있어요. 도토리가 채 여물기도 전에 참나무 가지를 잘라 떨어뜨리는 도토리거위벌레, 참나무 잎을 마구 먹어치우는 대벌레들이 늘면서 도토리가 해마다 줄고 있어요. 도토리를 잘 먹는 다람쥐와 반달가슴곰 등의 야생동물을 지키려면 환경을 잘 지키는 것이 중요하답니다.

도토리에 피해를 주는 해충

도토리거위벌레

대벌레

도토리를 먹는 야생동물

다람쥐

반달가슴곰

관련 교과 2-2 겨울 〈2. 겨울 탐정대의 친구 찾기〉 / 3-2 과학 〈2. 동물의 생활〉

동물의 겨울나기

가을이 지나고 겨울이 되자 찬바람이 불고 낙엽이 우수수 떨어졌어요.
준서는 아빠와 함께 숲에 나왔어요. "아빠, 추운 겨울에는 동물들이 어떻게 지내요?"
"동물들은 대부분 겨울잠을 잔단다. 잠을 자면 추위를 슬기롭게 이겨낼 수 있지."
곰, 뱀, 개구리, 도롱뇽 등은 모두 따뜻한 곳에 숨어서 겨울잠을 자요.
"아빠, 저기 다람쥐가 있어요!", "다람쥐가 배가 고파서 깨어났나 보구나."
다람쥐는 살짝 겨울잠을 자다가 배가 고프면 깨어나 도토리를 먹고 또다시 잔대요.
개, 고양이, 새는 아무리 추워도 겨울잠을 자지 않아서 추운 겨울에도 항상 볼 수 있답니다.

멸종된 반달가슴곰이 야생에 살 수 있도록 지리산에 풀어 주고 있어요.

반달가슴곰
크기 110~180cm
가슴 부분에 반달 모양 무늬가 있고 동굴에서 겨울잠을 자요.

고양이
크기 45~73cm
눈동자가 어두울 때는 동그랗게, 밝으면 세로로 가늘어져요.

청설모
크기 25cm 내외
겨울잠을 자지 않고 너무 추울 때는 보금자리에서 쉬어요.

고양이 울음소리를 듣고 '고니' 또는 '고이'라 불렀어요.

개
크기 12~76cm
따뜻한 털이 있어서 추운 겨울에도 겨울잠을 자지 않아요.

도토리, 개암, 밤, 식물의 씨를 먹고 살아요.

다람쥐
크기 12~15cm
배가 고프면 겨울잠에서 깨어나 숨겨둔 먹이를 찾아먹어요.

옴개구리
크기 3~6cm
개울가의 돌 밑에서 겨울잠을 자요.

도롱뇽
크기 8~13cm
개울가 주변의 축축한 돌이나 쓰러진 나무 밑에서 겨울잠을 자요.

잣, 땅콩, 들깨 등을 무척 좋아해요.

멧비둘기
크기 31~34cm
추운 겨울이 와도 겨울잠을 자지 않고 눈밭에서도 볼 수 있어요.

곤줄박이
크기 13.5~14.5cm
곤충류와 열매를 잘 먹으며 나뭇가지에 잘 내려앉아요.

꽁꽁 얼은 하천 풀밭에서 씨앗을 쪼아 먹으며 잘 날아다녀요.

까치
크기 43~48cm
나뭇잎이 모두 떨어진 나뭇가지에 잘 내려앉아요.

쇠박새
크기 12.5cm 내외
무리를 지어 날아다니기 때문에 쉽게 발견돼요.

직박구리
크기 27~30cm
사계절 내내 흔히 볼 수 있는 텃새로 겨울에는 무리 지어 다녀요.

관련 교과 2-2 겨울 〈2. 겨울 탐정대의 친구 찾기〉 / 3-2 과학 〈2. 동물의 생활〉

곤충의 겨울나기

"아빠, 곤충들은 아무리 찾아도 안 보여요.", "겨울잠을 자고 있지.", "모두 죽지 않았나요?"
윤서는 추운 겨울이 되면 곤충들이 모두 죽는다고 생각했나 봐요.
"윤서야, 곤충이 모두 죽으면 어떻게 봄에 나오겠니?"
"아, 그렇구나!" 가족들이 함께 웃었어요.
곤충은 알, 애벌레, 번데기, 어른벌레 중 한 가지 모습으로 추운 겨울을 지내요.
땅속이나 나무속, 나무껍질 밑이나 낙엽 아래 등의 따뜻한 곳에서 겨울나기를 해요.
어른벌레로 겨울나기 하는 곤충들은 봄이 되면 가장 먼저 볼 수 있답니다.

어른벌레가 보통 2년 살아서 어른벌레로 겨울을 보내요.

좀말벌
크기 23~29mm
나무속에서 여왕말벌 혼자서 겨울나기를 해요.

흰개미
크기 4~7mm
습기 많은 나무에 무리 지어 나무를 갉아 먹으며 겨울을 나요.

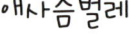

애사슴벌레
크기 12~30mm
사슴벌레 중에서 제일 크기가 작아서 '애사슴벌레'예요.

네발나비
크기 41~55mm
따뜻한 낙엽 아래에서 어른벌레로 겨울나기를 해요.

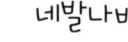

고마로브집게벌레
크기 15~22mm
나무껍질 아래나 돌 밑에서 겨울나기를 해요.

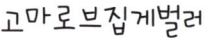

죽은 것처럼 꼼짝하지 않고 몸을 움츠리고 있어요.

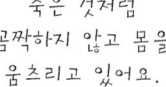

썩덩나무노린재
크기 13~18mm
나무 틈새와 껍질 밑에서 어른벌레로 겨울을 보내요.

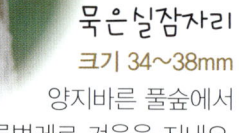

묵은실잠자리
크기 34~38mm
양지바른 풀숲에서 어른벌레로 겨울을 지내요.

노랑쐐기나방 알집
알집 속에서 애벌레로 겨울을 지내고 봄이 되면 번데기가 돼요.

호랑나비 번데기
번데기로 겨울나기를 하고 4월이 되면 예쁜 호랑나비가 돼요.

사슴벌레 애벌레
참나무류의 나무속에서 나무를 갉아 먹으며 겨울을 지내요.

하늘소 애벌레
기다란 원통형 모양으로 살아 있는 나무도 잘 갉아 먹어요.

단단하게 고정할 수 있는 곳에 알집을 만들어요.

왕사마귀 알집
추위를 막아 주는 따뜻한 알집 속에서 알로 겨울나기를 해요.

꽃매미 알집
나무에 진흙을 발라놓은 모양의 알덩이로 겨울을 지내요.

매미나방 알집
폭신폭신한 알덩이 속에서 알로 겨울을 지내요.

살펴보아요!

곤충의 겨울나기 장소

곤충은 종류에 따라 알, 애벌레, 번데기, 성충으로 겨울나기를 하지요. 곤충들이 겨울을 나는 장소는 땅속, 나무껍질 아래, 나무속, 낙엽 밑 등 따뜻한 곳이에요.

1. **땅속** – 풍뎅이 유충, 개미, 박각시나방 번데기 등
2. **나무껍질 아래** – 노린재, 집게벌레, 홍날개 애벌레, 돌지네 등
3. **나무속** – 우묵거저리, 진홍색방아벌레, 하늘소 유충, 사슴벌레 유충 등
4. **낙엽 밑** – 뿔나비, 네발나비 등
5. **벌레혹(충영) 속** – 어리상수리혹벌, 참나무혹벌, 쑥혹파리 등

땅속 – 등노랑풍뎅이유충

나무껍질 아래 – 무시바노린재

나무속 – 진홍색방아벌레

낙엽 밑 – 뿔나비

벌레혹 속 – 어리상수리혹벌

곤충도 따뜻한 곳에서 겨울을 나요!

도시숲
마을숲
산의 숲

관련 교과 2-2 겨울 〈2. 겨울 탐정대의 친구 찾기〉 / 4-2 과학 〈1. 식물의 생활〉 / 6-1 과학 〈4. 식물의 구조와 기능〉

식물의 겨울나기

"아빠, 풀이 전부 시들었어요.", "윤서야, 서운해하지 마. 봄이 되면 다시 나올 거야."
"윤서야, 저기 장미꽃도 있어.", "어디요, 어디?", "이건 장미가 아니잖아요."
눈이 휘둥그레진 윤서에게 아빠는 장미꽃 모양의 '로제트'로 겨울을 지내는 풀꽃을 보여주셨어요.
목련은 따뜻한 비늘잎으로 싸인 겨울눈으로, 감자는 따뜻한 땅속에서 겨울을 지내요.
소나무와 잣나무 등의 침엽수들은 겨울에도 여름처럼 변함없이 푸르답니다.
"준서야, 윤서야, 숲 탐사를 해 보니 어때?", "숲에 이렇게 많은 생물이 사는 줄 몰랐어요."
준서네 가족은 봄, 여름, 가을, 겨울 계절마다 달라지는 숲의 변화를 바라보며
생물을 사랑하고 환경을 소중히 지켜야겠다는 마음이 저절로 느껴졌답니다.

모습이 장미를 닮아서 '로제트'라 불려요.

꽃마리, 달맞이꽃
짧은 줄기와 사방으로 퍼진 잎으로 겨울나기를 해요.

봉선화, 해바라기
씨앗으로 겨울나기를 하고 봄이 되면 싹이 터요.

감자
땅속줄기로 겨울 추위를 이겨내요.

백목련
여러 겹의 껍질에 싸여 겨울눈으로 추위를 이겨내요.

봄이 되어 잠복소를 태우면 나무를 건강하게 지킬 수 있어요.

야고
억새 뿌리에 기생하는 기생식물이에요.

잠복소
나무에 볏짚을 두르면 나무를 괴롭히는 벌레가 모여들어요.

106 가을·겨울

소나무
높이 25~35m
늘 푸른 모습 그대로 겨울나기를 해요.

솔잎은 2개가 한 묶음이고 열매는 동그란 솔방울이에요.

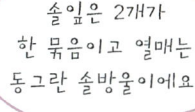
소나무 솔방울

스트로브잣나무
높이 30m 내외
소나무와 비슷하지만 바늘잎 5개가 한 묶음이에요.

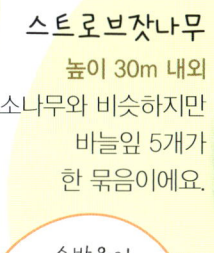

솔방울이 긴 원통형이고 잎이 2~3년에 한 번씩 떨어져요.

스트로브잣나무 솔방울

독일가문비나무
높이 40~50m
원뿔형의 나무가 아름다워서 정원에 관상수로 심어요.

8~9월에 붉은색 열매가 달려요.

주목
높이 10~20m
나무속 색깔이 붉은색을 띠고 있어서 '붉은나무(주목)'라고 불러요.

소나무와 잣나무 등은 겨울에도 푸른 모습으로 겨울을 지내요.

향나무
높이 15~20m
나무에서 좋은 향기가 나서 이름 지어졌어요.

서양측백
높이 10~20m
정원의 관상수로 많이 심어요.

신기한 숲속 생물들은

도시숲, 마을숲, 산의 숲에 찾아가면 만날 수 있어요. 동물, 곤충, 식물은 서로 모습이 다르지만 모두 푸른 지구에서 우리와 함께 숨 쉬며 살아가는 소중한 생명체예요. 움직이며 살아가는 동물은 포유류, 새, 뱀, 개구리, 물고기, 곤충, 거미 등이 있고요. 땅에 뿌리를 내리고 살아가는 식물은 나무와 풀꽃이 있어요. 동물과 식물은 종류에 따라 사는 곳과 숨을 쉬는 방법, 먹이를 먹고 사랑하는 방법이 서로 달라요. 동물원에 가면 전 세계 곳곳에 살고 있는 신기한 생물들을 만날 수 있어요. 울창한 수풀에 살아가는 다양한 숲속 생물들을 만나러 떠나 볼까요?

↑ 아파트나 공원의 화단에는 붉은 영산홍이 아름답게 피어나요.

↑ 산에는 초록 잎사귀가 돋아나고 예쁜 꽃들이 방긋 웃으며 피어나요.

부록

숲속 생물들을 탐구해 봐!

관련 교과 3-2 과학 〈2. 동물의 생활〉

동물의 종류와 특징

동물은 스스로 움직일 수 있는 생물로 식물처럼 스스로 에너지를 만들 수 없어요.
식물이나 다른 동물을 잡아먹어야 에너지를 얻어 몸이 자라고 활동을 할 수 있지요.
동물은 크게 등뼈가 있는 '척추동물'과 등뼈가 없는 '무척추동물'로 구분돼요.
척추동물인 포유류, 조류, 파충류, 양서류, 어류는 몸집이 크고 생김새가 서로 달라요.
무척추동물인 절지동물, 연체동물, 환형동물 등은 몸집이 작고 종류가 매우 다양해요.
척추동물과 무척추동물이 활발하게 움직이면 활력이 넘치는 숲이 된답니다.

척추동물

포유류
몸이 털로 덮여 있고 체온이 일정한 정온동물이며 새끼를 낳아요.
호랑이 / 반달가슴곰

조류
몸이 깃털로 덮여 있고 하늘을 잘 날아다니며 알을 낳아요.
까치 / 참새

파충류
몸이 딱딱한 비늘로 덮여 있고 체온이 변하는 변온동물이며 알을 낳아요.
뱀 / 거북

양서류
육지와 물을 오가며 생활하며 허파와 피부로 호흡하며 겨울잠을 자요.
개구리 / 도롱뇽

어류
몸이 유선형이고 지느러미가 있어서 헤엄을 잘 치며 아가미로 숨을 쉬어요.
잉어 / 돌고기

무척추동물

장수풍뎅이　　호랑거미　　　　조개　　　달팽이

절지동물(곤충류, 거미류, 갑각류, 다지류)
몸이 단단한 외골격으로 되어 있으며
마디가 있는 다리를 갖고 있어요.

연체동물(복족류, 이매패류, 두족류)
몸에 뼈가 없고 외투막으로 싸여 있으며
아가미로 숨을 쉬어요.

환형동물(빈모류, 다모류, 거머리류)
몸이 기다란 원통형이고 여러 개의 마디가
있으며 암수가 한 몸이에요.

거머리　　　　지렁이

편형동물
몸이 연하고 납작하며
항문이 없고
재생 능력이 있어요.

플라나리아

극피동물
몸이 단단한 껍데기로 둘러싸여 있고
알을 낳아 번식해요.

불가사리

불가사리는 별 모양으로 알록달록해요.

관련 교과 4-2 과학 〈1. 식물의 생활〉

식물의 종류와 특징

식물은 스스로 에너지를 얻을 수 있는 생물로 동물처럼 움직이지 못해요. 한 곳에 뿌리를 내리고 잎에서 광합성 작용으로 에너지를 만들지요. 식물은 크게 꽃이 피는 '꽃식물'과 꽃이 피지 않는 '민꽃식물'로 구분돼요. 꽃식물은 씨로 번식하고, 민꽃식물은 홀씨로 번식해요. 꽃식물은 다시 소나무, 은행나무 등의 겉씨식물과 밤나무, 참나무 등의 속씨식물로 구분해요. 속씨식물은 떡잎이 1장인 외떡잎식물과 떡잎이 2장인 쌍떡잎식물이 있어요. 그 밖에 고사리, 이끼, 파래 등의 민꽃식물과 버섯류(균류)의 버섯과 곰팡이도 있답니다.

꽃식물(씨식물) 씨로 번식하며 꽃이 피는 식물이에요.

겉씨식물 밑씨가 씨방 없이 겉으로 드러나 있으며 보통 바늘잎으로 되어 있어요.
- 은행나무
- 소나무

속씨식물 밑씨가 씨방 속에 들어가 있으며 잎은 넓적해요.

외떡잎식물 떡잎이 1장이고 잎은 대부분 나란히맥이에요.
- 강아지풀
- 붓꽃

쌍떡잎식물 떡잎이 2장이며 잎은 그물맥이에요.

통꽃 꽃잎이 하나로 붙은 통 모양이에요.
- 민들레
- 해바라기

갈래꽃 꽃잎이 서로 떨어져 있어요.
- 장미
- 제비꽃

양치식물(고사리)과 윤조류(쇠뜨기)

뿌리, 줄기, 잎이 구분되고 홀씨로 번식해요.

고사리

쇠뜨기

이끼식물(선태류)

줄기와 잎이 구분되지만 뿌리는 헛뿌리예요.

솔이끼

물이끼

민꽃식물 (포자식물, 홀씨식물)

홀씨로 번식하며 꽃이 피지 않는 식물이에요.

버섯무리(균류)

엽록소가 없어서 광합성을 하지 못하기 때문에 다른 생물의 양분을 분해해요.

구름송편버섯

곰팡이

홍조류(파래)와 대롱편모조류(다시마)

뿌리, 줄기, 잎의 구분이 없고 물속에서 생활해요.

파래

다시마

살펴보아요!

독특한 서식지에 적응하여 살아가는 식물

식물들은 보통 숲이나 들에 서식하지만 다육식물, 염생식물, 수생식물, 식충식물은 특별한 환경에 잘 적응하여 살아가는 독특한 식물이에요.

다육식물
두툼한 잎에 수분을 저장하여 사막에서도 적응하여 살아가요.

염생식물
갯벌이나 사구의 소금기가 많은 곳에 적응하여 살아가요.

수생식물
연못이나 하천의 물에 잘 적응해서 살아가요.

식충식물
벌레를 잡아먹으며 영양분을 얻어 살아가요.

금호

칠면초

노랑어리연꽃

끈끈이주걱

관련 교과 3-2 과학 〈2. 동물의 생활〉 / 4-2 과학 〈1. 식물의 생활〉 / 5-2 과학 〈2. 생물과 환경〉

동물과 식물의 서식지

숲에 사는 동물과 식물은 종류에 따라 각기 다른 서식지에 적응하며 살아가요. 도시, 공원, 학교 등에 있는 '도시숲', 논밭과 풀밭이 있는 '마을숲', 산길과 나무와 풀이 가득한 '산의 숲'에는 다양한 동식물이 살고 있어요. 냇물과 하천, 연못과 저수지, 바다와 갯벌에도 여러 생물들이 살고 있지요. 인공적으로 만든 동물원과 식물원에서도 여러 동식물들을 만날 수 있어요. 우리가 살고 있는 도시숲, 마을숲, 산의 숲에는 신비로운 생물들이 우리와 함께 더불어 살고 있답니다.

도시의 주변 (화단, 공원)
화단과 공원의 나무와 풀꽃에는 다양한 동물과 곤충이 함께 살아요.

논밭, 경작지
농작물이 쑥쑥 자라고, 농작물을 좋아하는 곤충과 동물이 함께 살아요.

들판 (풀밭)
넓은 풀밭에는 예쁜 풀꽃이 피고, 다양한 곤충과 새가 함께 살아요.

하천과 연못 (생태공원)
하천과 연못의 물속에는 민물고기, 개구리, 수서곤충, 수생식물이 함께 살아요.

냇물과 습지(늪)
맑고 차가운 냇물에는 다양한 모습의 수서곤충과 민물고기가 함께 살아요.

산길
체온을 높이려고 일광욕을 하는 나비와 발 빠른 곤충, 거미 등이 함께 살아요.

숲(산속)
나무와 풀꽃이 울창하게 자라고, 신비로운 동물과 곤충이 함께 살아요.

바다
모래사장과 갯벌에는 게와 조개 등의 갯벌생물과 염생식물이 함께 살아요.

동물원, 식물원
전 세계 곳곳에 살고 있는 신비로운 모습의 동물과 식물이 함께 살아요.

관련 교과 3-1 과학 〈3. 동물의 한살이〉 / 4-2 과학 〈1. 식물의 생활〉 / 5-2 과학 〈2. 생물과 환경〉

동물과 곤충의 어린 시기와 어른 시기

동물과 곤충은 어린 시기와 어른 시기의 모습이 서로 달라 보이는 경우가 많아요.
병아리와 닭, 올챙이와 개구리, 애벌레와 나비는 서로 모습이 다르지만 같은 생물이에요.
개, 고양이는 같은 종류지만 품종에 따라 서로 다른 무늬와 색깔을 띠는 경우가 많지요.
곤충은 알, 애벌레, 번데기, 어른벌레로 모습이 변하면서 자라기 때문에 일생 동안
가장 많이 변해요. 나비 애벌레와 나비, 사슴벌레 애벌레와 사슴벌레, 무당벌레 애벌레와
무당벌레, 개미귀신과 명주잠자리는 서로 같은 곤충이라고는 상상이 되지 않아요.
애벌레와 어른벌레는 겉모습이 서로 달라 보여도 모두 같은 생물이랍니다.

개(포유류)
애완견은 모두 같은 종류지만 300~400개 품종이 있어서 모습이 각기 달라요.

고양이(포유류)
몸 빛깔과 무늬가 달라도 같은 종류의 고양이예요.

닭(조류)
병아리가 자라서 어른이 되면 닭이 돼요.

개구리(양서류)
올챙이가 자라면 개구리가 돼요.

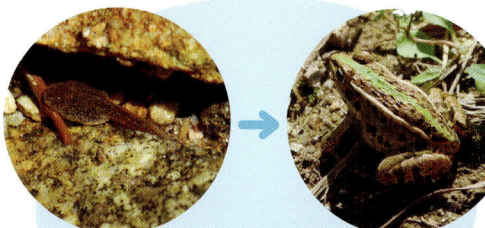

도롱뇽(양서류)
동그란 알에서 깨어나 올챙이가 되었다가 도롱뇽이 돼요.

사슴벌레(곤충류)
애벌레는 몸을 C자 모양으로 둥글게 말고 있는 굼벵이예요.

하늘소(곤충류)
애벌레는 나무에 사는 굼벵이예요.

딱정벌레(곤충류)
애벌레는 길쭉한 원통형으로 생겼어요.

무당벌레(곤충류)
애벌레도 어른벌레처럼 진딧물을 잘 잡아먹어요.

쐐기나방(곤충류)
애벌레는 뾰족한 가시가 달렸어요.

호랑나비 애벌레는 처음에 새똥 모양이다가 종령 애벌레가 되면 녹색으로 변해요.

명주잠자리(곤충류)
애벌레는 땅속에 굴을 파고 개미를 잡아먹는 개미귀신이에요.

호랑나비(곤충류)
애벌레는 초록색으로 가슴다리, 배다리, 꼬리다리가 있어요.

관련 교과 5-2 과학 〈2. 생물과 환경〉

생태계의 생물

지구 생태계에는 동물, 곤충, 식물 등 각양각색의 생물들이 각자의 역할을 하며 함께 살아가고 있어요. 광합성에 의해 스스로 에너지를 만드는 '생산자' 역할은 식물이 해요. 다른 식물이나 동물을 먹고 에너지를 얻어 살아가는 '소비자'에는 동물과 곤충이 있어요. 죽은 동물과 식물의 시체를 분해시켜 기름진 토양을 만들어 주는 일은 '분해자' 곤충의 역할이랍니다.

관련 교과 5-2 과학 〈2. 생물과 환경〉

먹이피라미드와 먹이그물

지구 상의 수많은 생명체들은 서로 먹고 먹히는 복잡한 먹이그물로 연결되어 있어요.
먹이그물이 안정적으로 유지되고 토양, 기후, 햇볕 등의 환경이 서로 조화를 이루면
지구 생태계의 모든 생물들은 행복하게 살 수 있어요. 다양한 생물들이 조화롭게 살아갈 때
지구 생태계의 수많은 생물 중 하나인 인간도 행복하게 살 수 있답니다.

3차 소비자

독수리(맹금류) 호랑이

호랑이는 숲속에 사는 가장 힘이 강한 최상위 포식자예요.

2차 소비자

개구리 제비 여우

개구리는 폴짝 점프하며 곤충을 잡아먹고 살아요.

1차 소비자

메뚜기 나비 토끼 청설모

생산자

벼 보리 토끼풀 닭의장풀 해바라기

관련 교과 3-1 과학 〈3. 동물의 한살이〉 / 3-2 과학 〈2. 동물의 생활〉

지구촌의 다양한 동물 1

지구촌에는 신비롭고 독특한 생김새의 동물들이 많이 살고 있어요.
특히 아프리카와 아메리카에는 독특한 모습의 동물들이 많지요.
포유동물 중 가장 몸집이 큰 아프리카코끼리, 초원의 제왕 사자, 입 큰 하마와 목 긴 기린,
개미를 핥아먹는 개미핥기 등은 우리가 살고 있는 숲에서는 볼 수 없는 색다른 동물이에요.
동물원에 가면 외국에 사는 다양한 지구촌 동물들을 직접 만나볼 수 있어요.
다양각색의 동물을 만나 보면 숲에 사는 생물들의 신비로운 매력에 빠져들게 된답니다.

아프리카의 동물들

사자
크기 140~250cm
수컷 1~3마리, 암컷 15마리 정도와 새끼들이 무리를 이루어요. 암컷을 중심으로 협력해서 사냥해요. 야행성이어서 아침에는 잠을 자요.

아프리카코끼리
크기 540~750cm
육상 포유동물 중에서 몸집이 가장 커요. 머리와 귀가 크며 암수 모두 상아가 발달되어 있어요.

그랜트얼룩말
크기 250cm 내외
수십 마리가 무리 지어 모이면 풀숲처럼 보여 몸을 지킬 수 있어요. 기린, 영양, 타조와 어울려 생활하며 사자와 하이에나가 천적이에요.

그물눈기린
크기 350~480cm
포유동물 중에서 키가 가장 커요. 보통 서서 잠을 자며 하루에 20분밖에 안 자요.

하마
크기 280~420cm
낮에는 물속에서 휴식을 취하고 밤이 되면 육지에 올라와 풀을 먹어요.

흰코뿔소
크기 335~420cm
코뿔소 중에서 가장 크며 땅에 있는 풀을 먹고 살아요.

아메리카의 동물들

두발가락나무늘보
크기 54~70cm
나무 위에서 주로 생활하며
잘 걷지 못하지만 수영을 잘해요.

큰개미핥기
크기 100~120cm
길고 가는 혀로 개미를 핥아먹어
'개미핥기'예요. 사람보다 40배나
냄새를 잘 맡아요.

카피바라
크기 106~134cm
밀림 지역에 살며 쥐 무리 가운데
가장 커요.

다람쥐원숭이
크기 32cm 내외
크기가 작고 나무를 잘 타는 모습이
다람쥐 같아요.

검은꼬리프레리독
크기 28~35cm
초원에 터널을 파서 집을 짓고
무리 지어 생활해요. 지하의 작은
방들이 서로 연결되어 있어요.

목도리페커리
크기 80~105cm
사막이나 산림에서 선인장과
나무뿌리를 먹으며 생활해요.

아메리카들소
크기 180~200cm
암컷과 새끼로 구성된 60여 마리가
무리 지어 생활하며 계절에 따라
먹이가 풍부한 곳으로 대이동해요.

과나코
크기 110~120cm
산소가 부족한 고산 지대에서도
잘 생활하며 다리가 튼튼해서
돌이 많은 산길도 잘 걸어요.

마라
크기 69~75cm
뒷다리가 길어서 달리기를 잘해요.
초원이나 바위가 많은 황무지에서
대규모로 협력해서 번식해요.

관련 교과 3-1 과학 〈3. 동물의 한살이〉 / 3-2 과학 〈2. 동물의 생활〉

지구촌의 다양한 동물 2

우리나라가 속하는 아시아와 유럽 및 호주 지역에도 독특한 생물들이 많이 살고 있어요.
맹수 호랑이, 헤엄 잘 치는 수달은 우리나라 외에도 다양한 나라에 살아요.
붉은여우는 아시아, 유럽, 북아프리카, 북아메리카 등 넓은 지역에 살고 있어요.
호주의 캥거루와 왈라루는 껑충껑충 뛰며 암컷의 배주머니에 새끼를 넣고 다녀요.
유럽에 사는 유럽들소, 유럽불곰 등은 모두 이름에 유럽이 붙었지요.
아시아 지역에 사는 동물의 이름이 아시아물소나 아시아코끼리인 것처럼 말이죠.
지구촌의 다양한 동물을 살펴보면 드넓은 지구의 다양한 생물에 대한 호기심이 자라나요.

아시아의 동물들

시베리아호랑이
크기 140~280cm
멧돼지, 사슴 등의 동물을 사냥하는 육식성 동물이에요. 호랑이 울음 소리가 울리면 '범'하는 소리로 들려 '범'이라 불렸어요.

아시아코끼리
크기 550~640cm
동남아시아 등에 살며 나뭇잎, 열매, 풀 등을 먹고 살아요.

아시아물소
크기 240~280cm
인도, 동남아시아에 살며 가축으로 각지에서 사육되고 있어요.

오랑우탄
크기 78~97cm
나무 위에서 생활하며 높은 나뭇가지에 집을 지어요. 말레이어로 '숲의 사람'이라는 뜻이에요.

일본원숭이
크기 47~61cm
집단으로 무리 지어 생활하며 식물의 열매와 잎을 먹어요. 세계에서 가장 북쪽 추운 지역에 사는 원숭이예요.

수달
크기 55~95cm
강가의 산림 지대에 살고 헤엄을 잘 치며 유럽, 아시아 등에 살아요.

유럽의 동물들

유럽들소
크기 290cm 내외
유럽 전 지역에 살아요. 암컷과 새끼 20여 마리가 무리 지어 생활해요.

붉은여우
크기 45~920cm
아시아, 유럽, 북아프리카, 북아메리카 등에 널리 살아요.

유럽불곰
크기 170~280cm
물고기를 잘 잡아먹어요. 곰은 '검다'라는 뜻에서 붙여진 이름이에요.

호주의 동물들

동부회색캥거루
크기 95~230cm
호주 동부 지역 평지의 산림 지대에 살아요. 암컷의 배에는 새끼를 넣어 기를 수 있는 주머니가 있어요.

왈라루
크기 113~199cm
바위가 많은 산악 지대에 살며 낮에 동굴에서 쉬고 밤에 활동해요.

에뮤
크기 170~210cm
호주에서 가장 큰 새로 날지 못해요. 다리가 길고 튼튼해서 드넓은 초원을 잘 뛰어다녀요.

살펴보아요!

사람과 함께 지내는 귀여운 애완동물

애완동물은 인간과 함께 지내는 동물로, 함께 지내는 친구라는 의미로 '반려동물'이라 불러요. 애완동물을 기르면 동물과 친숙해질 수 있고 동물을 사랑하는 마음이 생겨나지요. 애완동물을 바라보면 귀여운 모습에 저절로 미소가 지어져요.

햄스터
귀여워서 인기 있어요.

기니피그
토끼처럼 생겼지만 쥐예요.

고슴도치
가시가 뽀족뽀족해요.

토끼
굴토끼를 길들인 거예요.

ㄱ

가는무늬하루살이 37
가시개미 28
가시늑대거미 65
가시박 70
가시우묵날도래 74
가시칠엽수 57, 91
가재 36
가지 66
각시붓꽃 43
갈고리흰나비 21
갈대 99
갈색여치 100
갈참나무 101
감나무 90
감자 24, 66, 106
강아지풀 61, 112
개 48, 102, 116
개구리 110, 116, 119
개구리밥 71
개나리 19
개망초 60
개별꽃 43, 118
개양귀비 15
개여뀌 95
거꾸로여덟팔나비 29
거머리 111
거북 110
거위 26
검은꼬리프레리독 121
검은물잠자리 97
검정명주딱정벌레 28
검정볼기쉬파리 49
검정오이잎벌레 118
검정파리매 65
계곡산개구리 35
고들빼기 17, 25
고라니 40
고려나무쑤시기 79
고마로브집게벌레 12, 104
고마리 75, 95

고사리 32, 113
고양이 48, 102, 116
고운까막노래기 31, 83
고추 66
고추좀잠자리 93
곤줄박이 38, 103
곰팡이 113
공벌레 31
과나코 121
괭이밥 20
구렁이 77
구름송편버섯 85, 113
구리꼬마꽃벌 51
그랜트얼룩말 120
그물눈기린 120
극동버들바구미 79
금강초롱꽃 53
금낭화 14
금불초 84
기생초 95
긴꼬리쌕쌔기 96
긴알락꽃하늘소 59
긴호랑거미 82
길앞잡이 28, 118
까치 10, 48, 88, 103, 110
깜둥이창나방 59
깜보라노린재 97
깽깽이풀 42
꼬리치레도롱뇽 34
꼬마길앞잡이 81
꼬마줄물방개 23
꼽등이 89
꽃게거미 30
꽃다지 25
꽃마리 14, 106
꽃매미 79, 105
꽃범의꼬리 55
꽃잔디 15
꽃향유 95
꽈리허리노린재 64
꿀풀 33
꿩 39
꿩의바람꽃 42
끈끈이대나물 54
끈끈이주걱 75

ㄴ

나귀 63
나나니 73
나방 117
나비 117, 119
나팔꽃 55
날개띠좀잠자리 93
남색주둥이노린재 65
남색초원하늘소 58
남생이 68
냉이 25
넉점박이송장벌레 72, 118
넓적사슴벌레 78
네발나비 13, 29, 104
노랑꽃창포 27
노랑나비 21, 50
노랑쐐기나방 105
노랑애기나방 59
노랑초파리 89
노랑코스모스 94
노랑털검정반날개 72
녹색박각시 80
누룩뱀 77
능소화 56

ㄷ

다닥냉이 25
다람쥐 40, 100, 102, 118
다람쥐원숭이 121
다시마 113
단풍나무 90
달맞이꽃 70, 106
달팽이 64, 111
닭 63, 116
닭의장풀 61, 119
담배거세미나방 64
담쟁이덩굴 57, 90
대륙뱀잠자리 74
대벌레 79
대유동방아벌레 41
대추나무 91
더덕 85
도꼬마리 99
도라지 67
도롱뇽 34, 103, 110, 116

독수리 76, 119
독일가문비나무 107
돌고기 110
돌나물 15
돌단풍 17
돌지네 83
동부회색캥거루 123
된장잠자리 93
두꺼비 77
두꺼비메뚜기 92
두발가락나무늘보 121
둥근잎유홍초 95
둥글레 33
들깨 66
등 18
등검은메뚜기 92
등빨간소금쟁이 37
등얼룩풍뎅이 49
딱새 38
딱정벌레 117
딸기 24
땅강아지 28, 81
땅귀개 75
떼허리노린재 28
뚝새풀 25
띠무늬우묵날도래 74

ⓒ

라일락 19

ⓜ

마라 121
마름 27
말 88
말똥가리 76
망초 60
매미꽃 84
매미나방 105
맥문동 53, 91
맨드라미 55
멍석딸기 32
메꽃 70
메뚜기 119
멧돼지 40
멧비둘기 11, 103

멧팔랑나비 29
며느리배꼽 91
면장땅지네 83
명아주 70
모시나비 45
목도리페커리 121
목화바둑명나방 80
무 98
무궁화 56
무늬강도래 74
무당개구리 35
무당거미 65
무당벌레 12, 117
묵은실잠자리 104
물결넓적꽃등에 13
물까치 22, 48
물맴이 37
물방개 69
물봉선 101
물이끼 75, 113
물자라 69
미국쑥부쟁이 94
미국자리공 94
미니말 63
미니피그 63
미륵무늬먼지벌레 49
민달팽이 83
민들레 16, 112
민물가마우지 68
밀 24
밑들이메뚜기 92

ⓑ

바랭이 99
박새 38
박태기나무 18
반달가슴곰 102, 110
밤나무 101
방아깨비 96
방울토마토 66
배노랑긴가슴잎벌레 49
배짧은꽃등에 45, 50
배초향 95
배추 98
배추흰나비 21, 50
백목련 18, 106

백일홍 53
뱀 110
뱀딸기 33
버드나무 27
버섯 118
벌개미취 94
범부채 53
벚나무사향하늘소 78
베짱이 100
벼 98, 119
별꽃 17
별꽃아재비 99
별늑대거미 30
보리 24, 119
봄맞이 14
봉선화 52, 106
부들 71
부레옥잠 27, 71
북방산개구리 35
분꽃 52
불가사리 111
불두화 19
붉은귀거북 68
붉은머리오목눈이 76
붉은사슴 62
붉은여우 123
붉은토끼풀 60
붓꽃 43, 112
비비추 52
뿌리뱅이 17
뽕나무 57
뿔나비 29

ⓢ

사마귀 92
사슴벌레 105, 117
사슴풍뎅이 78
사시나무잎벌레 41
사자 120
산괴불주머니 32
산맴돌이거저리 72
산바퀴 49, 118
산벚나무 44
산수국 56
산수유 19, 44
살모사 100

삼잎국화 55
상수리나무 101, 118
상추 24
새뱅이 36
생강나무 44
서양민들레 16
서양측백 107
설악초 54
섬서구메뚜기 96
섬초롱꽃 53
소 62
소금쟁이 69
소나무 107, 112, 118
솔이끼 85, 113
송장헤엄치게 69
쇠딱따구리 76
쇠뜨기 32, 113
쇠박새 38, 103
쇠백로 22
쇠별꽃 17
쇠살모사 77
쇠측범잠자리 37
수국 56
수달 122
수레국화 54
수련 71
수선화 15
수세미오이 67
수염줄벌 45
수염치레날도래 37
수중다리꽃등에 13
수크령 98
스트로브잣나무 107
시베리아호랑이 122
신갈나무 101
싸리 85
썩덩나무노린재 12, 104
쑥부쟁이 94

◎
아기늪서성거미 30
아까시나무 44
아메리카들소 121
아무르장지뱀 77
아시아물소 122
아시아실잠자리 97
아시아코끼리 122
아프리카코끼리 120
앉은부채 42
알락귀뚜라미 89
알락수염노린재 58
암먹부전나비 21
애기똥풀 20
애기물달팽이 23
애기물방개 81
애기세줄나비 29
애매미 81
애사슴벌레 104
애소금쟁이 23
앵초 15
야고 106
양 62
양봉꿀벌 13, 51
양지꽃 20
어리장수잠자리 74
어리호박벌 51
어치 39
억새 99
얼레지 42
에뮤 123
여우 119
연 71
연두금파리 13
연두어리왕거미 82
영산홍 18
옆새우 36
오랑우탄 122
오이 67
옥색긴꼬리산누에나방 80
옥수수 67
옥잠화 52
올빼미 76
옴개구리 35, 103
왈라루 123
왕거위벌레 41
왕귀뚜라미 96
왕꽃등에 93
왕벚나무 18
왕사마귀 92, 105
왕오색나비 73
왕우렁이 23
왕파리매 58

왜가리 68
왜가시뭉툭맵시벌 65
우리벼메뚜기 96
우수리둥글먼지벌레 12
원추리 84
원추천인국 55
유럽들소 123
유럽불곰 123
유리딱새 38
유채 20
유혈목이 77
육점박이범하늘소 59
윤판나물 43
은방울꽃 43
은행나무 90, 112
이질풀 84
익모초 61
일본왕개미 12
일본원숭이 122
잉어 110

㊂
자귀나무 57
자주달개비 14
작약 17
작은검은꼬리박각시 93
작은멋쟁이나비 93
작은주홍부전나비 21
잠자리 117
장구애비 69
장미 56, 112
장수말벌 89
장수풍뎅이 78, 111
점박이불나방 80
제비 22, 119
제비꽃 14, 112, 118
조개 111
조개나물 33
조릿대 54
조팝나무 19
좀말벌 104
좀사마귀 100
좀작살나무 91
좀털보재니등에 45
주름잎 16
주목 107

줄딸기 32
줄무늬감탕벌 97
줄베짱이 96
줄연두게거미 30
줄점팔랑나비 97
중국거위 26
중국연두게거미 30
중대백로 68
중백로 22
쥐꼬리망초 84
쥐며느리 31
지느러미엉겅퀴 25
지렁이 31, 111
지칭개 20
직박구리 10, 88, 103
진강도래 37
진달래 44
집그리마 31
집비둘기 11, 48
집오리 63
찔레꽃 44

ㅊ

참개구리 22, 27
참거머리 23
참나리 61
참매미 79
참새 10, 88, 110
참땅벌 73
채송화 52
청개구리 35
청둥오리 26
청딱따구리 39
청띠신선나비 29
청설모 40, 89, 102, 119
초롱꽃 60
칠성무당벌레 58
칠성풀잠자리 81, 89
칡 85

ㅋ

카피바라 121
코스모스 94
콩 67
콩새 11

크로바잎벌레 58
큰개미핥기 121
큰개불알풀 16
큰검정풍뎅이 64
큰넓적송장벌레 72
큰부리까마귀 39
큰이십팔점박이무당벌레 64
큰주홍부전나비 50
큰허리노린재 41
큰호리병벌 51, 73
큰흰줄표범나비 73

ㅌ

털두꺼비하늘소 41
털보말벌 79
털보바구미 41
털보왕버섯벌레 81
토끼 119
토끼풀 20, 60, 119
토란 67
토마토 66
톱니태극나방 80
톱다리개미허리노린재 64
톱사슴벌레 81
통거미 82
튤립나무 57, 90

ㅍ

파 66
파래 113
파리지옥 75
팥중이 92
패랭이꽃 55
팬지 15
폭탄먼지벌레 72
풀게거미 30
풀색꽃무지 45
풍뎅이 58
풍접초 54
플라나리아 36, 111
피나물 43

ㅎ

하늘소 78, 105, 117
하마 120

할미꽃 33
해바라기 61, 106, 112, 119
향나무 107
현호색 42
호랑거미 82, 111
호랑꽃무지 59
호랑나비 45, 105
호랑이 110, 118, 119
호랑지빠귀 39
호리꽃등에 50
호박 98
호박벌 51
홍단딱정벌레 72
홍비단노린재 49
홍지네 31
환삼덩굴 70
황닷거미 82
황오색나비 73
황주까막노래기 83
흑염소 62
흰개미 104
흰눈썹깡충거미 82
흰뺨검둥오리 69
흰줄표범나비 59
흰줄푸른자나방 80
흰코뿔소 120

초등 교과 과정 연계 정보

봄

화단과 공원에서 지지배배 우는 새 1-1 봄 〈2. 도란도란 봄 동산〉 / 3-2 과학 〈2. 동물의 생활〉

화단과 공원에 봄나들이 나온 곤충 3-2 과학 〈2. 동물의 생활〉

화단과 공원에 피는 풀꽃 1 1-1 봄 〈2. 도란도란 봄 동산〉 / 4-1 과학 〈3. 식물의 한살이〉
  4-2 과학 〈1. 식물의 생활〉 / 6-1 과학 〈4. 식물의 구조와 기능〉

화단과 공원에 피는 풀꽃 2
  1-1 봄 〈2. 도란도란 봄 동산〉 / 4-1 과학 〈3. 식물의 한살이〉 / 4-2 과학 〈1. 식물의 생활〉 / 6-1 과학 〈4. 식물의 구조와 기능〉

화단과 공원에 피는 나무꽃, 가로수
  1-1 봄 〈2. 도란도란 봄 동산〉 / 4-1 과학 〈3. 식물의 한살이〉 / 4-2 과학 〈1. 식물의 생활〉 / 6-1 과학 〈4. 식물의 구조와 기능〉

들판에 핀 봄꽃과 나비
  1-1 봄 〈2. 도란도란 봄 동산〉 / 3-1 과학 〈3. 동물의 한살이〉 / 3-2 과학 〈2. 동물의 생활〉 / 6-1 과학 〈4. 식물의 구조와 기능〉

논에 사는 다양한 동물 3-1 과학 〈3. 동물의 한살이〉 / 3-2 과학 〈2. 동물의 생활〉

밭에 자라는 작물과 밭 주변에 사는 풀꽃
  3-1 과학 〈3. 동물의 한살이〉 / 4-2 과학 〈1. 식물의 생활〉 / 6-1 과학 〈4. 식물의 구조와 기능〉

연못과 호수에 사는 생물 3-1 과학 〈3. 동물의 한살이〉 / 3-2 과학 〈2. 동물의 생활〉

산길에서 만난 곤충 3-2 과학 〈2. 동물의 생활〉

산에 사는 다리 많은 절지동물 3-2 과학 〈2. 동물의 생활〉

산 길가와 주변 풀밭에 사는 식물 4-1 과학 〈3. 식물의 한살이〉 / 4-2 과학 〈1. 식물의 생활〉

냇물에 사는 도롱뇽과 개구리 1-1 봄 〈2. 도란도란 봄 동산〉 / 3-1 과학 〈3. 동물의 한살이〉 / 3-2 과학 〈2. 동물의 생활〉

냇물에 사는 다양한 무척추동물 3-2 과학 〈2. 동물의 생활〉

산에 사는 산새 3-1 과학 〈3. 동물의 한살이〉 / 3-2 과학 〈2. 동물의 생활〉

산에 사는 동물과 곤충 1-1 봄 〈2. 도란도란 봄 동산〉 / 3-2 과학 〈2. 동물의 생활〉

산에 일찍 피는 봄꽃 1-1 봄 〈2. 도란도란 봄 동산〉 / 4-1 과학 〈3. 식물의 한살이〉 / 4-2 과학 〈1. 식물의 생활〉 / 6-1 과학 〈4. 식물의 구조와 기능〉

산에 피는 나무꽃과 꽃을 좋아하는 곤충 1-1 봄 〈2. 도란도란 봄 동산〉 / 4-1 과학 〈3. 식물의 한살이〉 / 6-1 과학 〈4. 식물의 구조와 기능〉

여름

화단과 공원에 사는 동물과 곤충 2-1 여름 〈2. 초록이의 여름 여행〉 / 3-2 과학 〈2. 동물의 생활〉

화단과 공원에 핀 꽃을 찾는 곤충 2-1 여름 〈2. 초록이의 여름 여행〉 / 3-2 과학 〈2. 동물의 생활〉

화단과 공원에 핀 예쁜 풀꽃 1 4-1 과학 〈3. 식물의 한살이〉 / 4-2 과학 〈1. 식물의 생활〉 / 6-1 과학 〈4. 식물의 구조와 기능〉

화단과 공원에 핀 예쁜 풀꽃 2 4-1 과학 〈3. 식물의 한살이〉 / 4-2 과학 〈1. 식물의 생활〉 / 6-1 과학 〈4. 식물의 구조와 기능〉

화단에 공원에서 자라는 나무꽃
  2-1 여름 〈2. 초록이의 여름 여행〉 / 4-1 과학 〈3. 식물의 한살이〉 / 4-2 과학 〈1. 식물의 생활〉 / 6-1 과학 〈4. 식물의 구조와 기능〉

들판의 풀잎과 꽃에 날아오는 곤충 2-1 여름 〈2. 초록이의 여름 여행〉 / 3-2 과학 〈2. 동물의 생활〉
무더운 여름 들판에 자라는 풀꽃 4-1 과학 〈3. 식물의 한살이〉 / 4-2 과학 〈1. 식물의 생활〉 / 6-1 과학 〈4. 식물의 구조와 기능〉
농장에 사는 가축 3-1 과학 〈3. 동물의 한살이〉 / 3-2 과학 〈2. 동물의 생활〉
밭작물에 모이는 해충과 천적 곤충 2-1 여름 〈2. 초록이의 여름 여행〉 / 3-2 과학 〈2. 동물의 생활〉
밭에 자라는 작물 2-1 여름 〈2. 초록이의 여름 여행〉 / 4-1 과학 〈3. 식물의 한살이〉 / 4-2 과학 〈1. 식물의 생활〉 / 6-1 과학 〈4. 식물의 구조와 기능〉
하천에 사는 동물과 수서곤충 2-1 여름 〈2. 초록이의 여름 여행〉 / 3-1 과학 〈3. 동물의 한살이〉 / 3-2 과학 〈2. 동물의 생활〉
하천변 식물과 연못의 수생식물 4-2 과학 〈1. 식물의 생활〉 / 6-1 과학 〈4. 식물의 구조와 기능〉
산길에서 활동하는 다양한 곤충 2-1 여름 〈2. 초록이의 여름 여행〉 / 3-2 과학 〈2. 동물의 생활〉
냇물에 사는 수서곤충과 습지의 수생식물 2-1 여름 〈2. 초록이의 여름 여행〉 / 4-2 과학 〈1. 식물의 생활〉 / 6-1 과학 〈4. 식물의 구조와 기능〉
산에서 만나는 산새와 기다란 몸의 길동물 3-1 과학 〈3. 동물의 한살이〉 / 3-2 과학 〈2. 동물의 생활〉
산에서 만나는 다양한 곤충 2-1 여름 〈2. 초록이의 여름 여행〉 / 3-1 과학 〈3. 동물의 한살이〉 / 3-2 과학 〈2. 동물의 생활〉
불빛에 모여드는 야행성 곤충 3-1 과학 〈3. 동물의 한살이〉 / 3-2 과학 〈2. 동물의 생활〉
산에서 만나는 다채로운 무척추동물 3-2 과학 〈2. 동물의 생활〉
산에서 자라는 다양한 식물 4-1 과학 〈3. 식물의 한살이〉 / 4-2 과학 〈1. 식물의 생활〉 / 6-1 과학 〈4. 식물의 구조와 기능〉

가을·겨울

화단과 공원의 동물과 곤충 1-2 가을 〈현규의 추석〉 / 3-2 과학 〈2. 동물의 생활〉
화단과 공원의 단풍과 열매 1-2 가을 〈현규의 추석〉 / 6-1 과학 〈4. 식물의 구조와 기능〉
누릇누릇 가을 들판의 곤충 3-1 과학 〈3. 동물의 한살이〉 / 3-2 과학 〈2. 동물의 생활〉
들판에 핀 가을 풀꽃 4-1 과학 〈3. 식물의 한살이〉 / 4-2 과학 〈1. 식물의 생활〉 / 6-1 과학 〈4. 식물의 구조와 기능〉
논밭과 하천의 곤충 1-2 가을 〈현규의 추석〉 / 3-1 과학 〈3. 동물의 한살이〉
논밭과 하천의 식물 1-2 가을 〈현규의 추석〉 / 4-2 과학 〈1. 식물의 생활〉 / 6-1 과학 〈4. 식물의 구조와 기능〉
산에 사는 동물과 식물 3-1 과학 〈3. 동물의 한살이〉 / 3-2 과학 〈2. 동물의 생활〉 / 6-1 과학 〈4. 식물의 구조와 기능〉
동물의 겨울나기 2-2 겨울 〈2. 겨울 탐정대의 친구 찾기〉 / 3-2 과학 〈2. 동물의 생활〉
곤충의 겨울나기 2-2 겨울 〈2. 겨울 탐정대의 친구 찾기〉 / 3-2 과학 〈2. 동물의 생활〉
식물의 겨울나기 2-2 겨울 〈2. 겨울 탐정대의 친구 찾기〉 / 4-2 과학 〈1. 식물의 생활〉 / 6-1 과학 〈4. 식물의 구조와 기능〉

부록

동물의 종류와 특징 3-2 과학 〈2. 동물의 생활〉
식물의 종류와 특징 4-2 과학 〈1. 식물의 생활〉
동물과 식물의 서식지 3-2 과학 〈2. 동물의 생활〉 / 4-2 과학 〈1. 식물의 생활〉 / 5-2 과학 〈2. 생물과 환경〉
동물과 곤충의 어린 시기와 어른 시기 3-1 과학 〈3. 동물의 한살이〉 / 4-2 과학 〈1. 식물의 생활〉 / 5-2 과학 〈2. 생물과 환경〉
생태계의 생물 5-2 과학 〈2. 생물과 환경〉
먹이피라미드와 먹이그물 5-2 과학 〈2. 생물과 환경〉
지구촌의 다양한 동물 1 3-1 과학 〈3. 동물의 한살이〉 / 3-2 과학 〈2. 동물의 생활〉
지구촌의 다양한 동물 2 3-1 과학 〈3. 동물의 한살이〉 / 3-2 과학 〈2. 동물의 생활〉